山顶视角 以创造成就卓越

超级增长

新品牌快速成长的底层逻辑与3C方法论

魏家东 著

北京联合出版公司

图书在版编目（CIP）数据

超级增长：新品牌快速成长的底层逻辑与3C方法论/魏家东著.--北京：北京联合出版公司，2023.5
　　ISBN 978-7-5596-6703-8

Ⅰ.①超… Ⅱ.①魏… Ⅲ.①品牌战略-研究-中国 Ⅳ.①F279.23

中国国家版本馆CIP数据核字（2023）第035055号

超级增长：新品牌快速成长的底层逻辑与3C方法论

魏家东　著

出　品　人：赵红仕
选题策划：北京山顶视角科技有限公司
策划编辑：王留全　李俊佩　付佳雯　叶　赞
责任编辑：周　杨
统筹编辑：高继书
封面设计：卓义云天

北京联合出版公司出版
（北京市西城区德外大街83号楼9层　100088）
北京联合天畅文化传播公司发行
北京美图印务有限公司印刷　新华书店经销
字数207千字　880毫米×1230毫米　1/32　11.25印张
2023年5月第1版　2023年5月第1次印刷
ISBN 978-7-5596-6703-8
定价：78.00元

版权所有，侵权必究
未经许可，不得以任何方式复制或抄袭本书部分或全部内容
本书若有质量问题，请与本公司图书销售中心联系调换。电话：（010）64258472-800

目录

推荐序：VUCA 时代的"超级增长" / I
自序：不确定的时代，找到确定的超级增长路径 / IV

第一章
新品牌超级增长的背景与方法论

为什么新品牌层出不穷 / 004
新品牌的进化之路 / 031
新品牌超级增长方法论 / 043
本章小结 / 050

第二章
用户：超级增长的核心驱动力

为什么用户是超级增长的核心驱动力 / 056
新品牌超级增长的"用户三问" / 065
新品牌用户超级增长方法论 / 110
本章小结 / 152

第三章
传播：超级增长的引爆逻辑

为什么数字时代的传播可以引爆新品牌　/ 157
传播的变化下，如何推动新品牌超级增长　/ 167
新品牌传播超级增长方法论　/ 174
本章小结　/ 222

第四章
渠道：超级增长的成交方法

数字时代渠道思维如何升级进化　/ 228
渠道如何推动新品牌超级增长　/ 241
新品牌渠道超级增长方法论　/ 259
本章小结　/ 303

第五章
新品牌超级增长方法论实施与保障

新品牌超级增长方法论如何落地　/ 309
如何保障新品牌超级增长　/ 323
新品牌快速成长中容易忽略的风险　/ 330
本章小结　/ 336

后记　/ 338

推荐序

VUCA时代的"超级增长"

21世纪伊始,商业世界进入了VUCA[①]时代,一切都变得不确定和不可预测,而且变化的速度也越来越快,任何事情的发生都不再会是意外。

1996年我第一次在中国工作,那时候一切都是相对原始的,报纸和杂志都是密密麻麻的文字,没有彩色的图片,更没有多少广告。国外的广告公司才在中国开展业务,根本没多少本地人才,因为,营销、品牌、广告,都是新事物。而也是在差不多的时候,横空杀出一个叫"互联网"的概念,人们可以上网

---

① VUCA是volatility(易变性)、uncertainty(不确定性)、complexity(复杂性)、ambiguity(模糊性)的首字母缩写。VUCA这个术语源于军事用语并在20世纪90年代开始被普遍使用,随后被用于从营利性公司到教育事业的各种组织的新兴战略思想中去。

查资料，快速接触到很多新知识，更可以收发电子邮件，让工作效率大大提升。互联网的出现，让商业世界产生了巨大的变化。

2004年，我再次到中国工作，很明显，互联网的发展已经到了一个新阶段。很多人都有即时通信的软件，可以跟其他人实时沟通。而同时，也出现了电子商务这个新的商业模式，人们可以在电子平台上买东西，更可以开店卖东西。随之而起的，就是很多小资本创建的新品牌的涌现。

2010年开始，加速商业环境变化的，是智能手机与社交媒体的普及，买家和卖家的沟通、信息的传播、交易的效率都出现了巨大的变化。随之而来的，就是任何人都可以创业，只要有想法，都可以尝试，成功固然好，失败了也没有很大的损失。

之后，我们经历了直播、视频平台，甚至是人工智能、区块链，直到最近红起来的元宇宙。各种平台、技术的不断涌现，再加上年轻人品味和生活方式的快速迭代，造就了非常多的新消费品牌，它们趁着各种风口，迅速冒起和发展。

2019年年底开始暴发的新冠肺炎疫情，淘汰了很多用传统模式运营的企业，但是没有减慢新兴品牌的增长速度。我们看到的是一些适应力弱的企业走向末路，但是也看到很多新品牌逆风而行，越做越强，迅速增长。

我们应该意识到，那些不能随着市场变化快速适应的传统

推荐序

企业，竞争力在不断下降。我们也发现很多愿意冒险创新、懂得如何打造敏捷型企业、积极思考创新商业模式、不断适应年轻人新思维和用心经营用户的始创企业，正在取代那些还眷恋过去光辉的企业，成为市场的中坚分子，实现超级增长。

我认识本书作者魏家东很多年了，10年前他是我的研究生，10年之后他已经成为洞察力和执行力都很强的营销管理者，自成一派了。家东不断学习，身体力行地去理解市场变化，探索营销表象背后的逻辑，他对消费者行为的变化有不一样的视角。终于，家东也实现了个人的超级增长，青出于蓝，成为营销大师。

作为家东的老师和朋友，我诚意推荐《超级增长》——一本营销实践者不能错过的好书。

陈亮途博士

瑞士商学院中国区院长

自序

不确定的时代，
找到确定的超级增长路径

写这篇文章时，北京冬奥会成功闭幕，冰墩墩成为顶流，还有谷爱凌、苏翊鸣等运动员的出色表现令人振奋。但与其在意"别人家的孩子"成长为奥运冠军，在我眼里更重要的是中国年轻人的自信、自由、自强，他们有自己所爱，且国际化，有学识，有能力，这才是看好中国未来实现持续超级增长的基石。一场冬奥会激发了全国人民对冰雪运动的热情，看上去新的机遇滚滚而来，然而在近些年消费下行，各个行业进入调整期，再加之新冠肺炎疫情的出现，恒大危机、新东方转型、喜茶裁员，很多行业相继出现裁员、关闭相关业务的消息……我们不禁要问：企业真的还有机会实现超级增长吗？

自序

最近和一些企业创始人交流，越发感受到超级增长的重要性，过去追求扩张、野蛮生长，可能会"不择手段"，但现在的市场已然不是一味追求"做大"，而是在快速发展的路上，追求更高质量的效率效果。就如同驾驶，以前是没有高速公路，出行工具也不行，人们从A城市到B城市的速度是极慢的；从步行到马车再到汽车，从土路到柏油公路再到高速公路，人们从A城市到B城市的距离没有变，但是速度在变快，时间在缩短，工具在变化（马车变汽车），人的技能也在增加（从驾驶马车技能到驾驶汽车技能）。当人们刚刚从土路到高速公路行驶时，速度的跃升是明显的，速度的增长通过变化道路、变换工具就可以达到，而当你行驶在高速公路的快车道时，首先速度是有上限的，其次高速驾驶是有危险的。如此情况要能够持续高速行驶，需要驾驶人员高超的技术，也需要同行者的支持，比如副驾可能需要个导航员，或者后座需要有气氛担当，以及替补驾驶员等。当然优化路线、及时加油等措施，同样可以让这辆车保持快速行驶，甚至在合适的时机变道超车。写到这里时，大家有没有发现，我描述的景象很像经营企业：驾驶员就如同创始人，车就像公司，车里的人就是你的团队或者外脑，出发地是你的使命，目的地是你的愿景。而工具的变化、道路的选择、能量的补给，都是实现超级增长，最终抵达目标的前提。

超级增长是一种思维方式，更是一套行之有效的方法论，就像驾驶前，你要掌握必备的基础原则、规则，以及熟练掌握驾驶技能。试想一下：在高速公路的快车道上，一辆低速行驶的汽车不仅危险，同时也违规，害人害己的后果不堪设想。企业经营何尝不是，如果不能实现增长，甚至出现经营困难、业绩下滑，关店裁员，企业倒闭，员工失业，也会引发社会性问题。当然，这恰恰是新冠肺炎疫情以来的真实状况，有人说，就连之前风风火火的互联网大公司也曝出裁员消息，更何况中小企业。

在本书第一章"新品牌超级增长的背景与方法论"中，我重点谈到了影响新品牌成长的7个关键因素：新趋势、新思维、新模式、新产品、新用户、新传播、新渠道。即使遇到新冠肺炎疫情以及中美贸易战、俄乌冲突等各类黑天鹅事件，依旧诞生并快速成长了一大批新品牌。这些新品牌的成长路径、方法符合这7个关键因素，它们有些是新创立的新品牌，有些是传统企业转型孵化的新品牌。在历史的变局中，有人故步自封，有人与时俱进。我一直坚信这是中国新品牌诞生的最好时代，未来10~20年，会有这个时期成长起来的中国品牌走向世界，最终成为像可口可乐、麦当劳、星巴克一般的全球化超级品牌。而实现这一切的前提有很多，就如同一颗果子熟了，不是一天长大，不是只有水，还有阳光空气、土壤肥料……中国完备的产业链是超级产品诞生的有利土壤，中国庞大的移动互联网用户数量，蓬勃发展的短视频、直播、社交网络、电商、新零售行业等是超级品牌成长的摇篮，如今操盘这些新品牌的创始人、团队，从"80后"到"90后""95后"……年轻化、专业化、职业化的超级组织，让一个个新品牌实现超级增长。

在不确定的时代，需要找到确定的超级增长路径，转动超级增长飞轮，最终实现企业的超级增长。本书通过第二章、第三章、第四章分别阐述了超级增长公式的三个重要部分：用户、传播、渠道。而在第五章重点讨论了超级增长方法论实施与保障，讲述了不同企业、不同阶段的路径选择。转动超级增长飞轮，不是一味地"抄作业"、照搬方法论，而是结合企业自身特点，选择不同路径组合，巧妙地选择切入点，才有机会事半功倍。否则，就如同跑步初学者，不知道训练方法，不会调整呼吸，不会拉伸，气喘吁吁、双腿无力，只能是越来越慢；从饮食、体能、跑姿、心肺能力等方面科学提升，如此才会越跑越轻松，速度也自然而然随之增长。经营企业，同样需要科学的超级增长！

在当下变局中如何破局，我有两点思考：

第一，顺势而为。

抓住时代红利、抓住趋势，在趋势的上行电梯中即使做俯卧撑也会发展迅猛。具体有哪些趋势，本书第一章"新趋势"中有详细阐述，比如新能源、双碳、新消费、新零售、直播、元宇宙、大健康、人工智能等产业机遇。另外，除了宏观趋势，在不同细分行业也有了重组变化的趋势，比如在营销行业中的精准化、精细化、智能化，如大数据精准投放、智能创意；在医疗健康领域的消费化、定制化，如健康营养素会员定制。

第二，全力出击。

其一，聚焦做减法：建议企业在业务、能力等方面做减法，砍掉瘦狗型业务，培养明日之星，全力出击现金牛业务。

其二，整合做乘法：社会化协作、跨界合作、善用工具和平台，形成整合的乘法效应。比如会议通过线上会议推动，协作通过各类线上协作办公平台提升效率，组织也从固定场所变成社会化协作组织，通过业务授权、团队激励等方式改变组织效能。另外业务、产品等方面，跨界合作、深度整合。

有一次在大会上演讲，我问：做企业好像越来越难？

很多人表示赞同。

我又问，这些年经营企业哪一天不难？大家开始思考。

有人说，要做难而正确的事！

难的事情更容易成功，难走的路人很少，其实并不拥挤；好走的路人很多，可能很快寸步难行。前者或许危险，但有专业指导，成功指日可待；后者即使满身才华，也可能原地打转。

从今天开始，换个思维，升维自己。顺势而为，全力出击。

超级增长，相信你可以！

第一章

新品牌超级增长的背景与方法论

你有没有思考过，一天中接触了多少品牌？哪些是老品牌？哪些是新品牌？

对于你来说，这好像毫无意义。

然而对于品牌主而言，这些思考却尤为重要。

在人们日常接触的品牌里，企业所经营的品牌、产品是否还在用户的清单中、购物车里……这已然决定了一个企业的"生死"。这几年我常常会看到《别了，×××》这类关于老品牌消失、破产的消息，同时也会被《3年100亿估值，×××是如何做到的？》《凭什么说××是"国货之光"？》的新闻吸引，新品牌层出不穷，老品牌"压力山大"的局面日益显著。

2021年天猫"双十一"活动中275个新品牌销售额连续3年翻倍增长，700多个新品牌成为细分品类第一名。截至2021年11月11日23时，698个中小品牌的成交额实现从百万级到千万级的跨越；78个上年"双十一"成交额千万级的品牌，在当年"双十一"成交额突破了1亿元大关。三顿半、蕉内、自嗨锅、开小灶、元气森林、完美日记、花西子、钟薛高、认养一头牛、王小卤、王饱饱等成为众多年轻人消费的新选择，同时，波司登、李宁、飞鹤奶粉等传统品牌又焕发新生机，220家老字号品牌在2021年天猫"双十一"销售额同比增长超100%。新国货、国潮带来的新消费热潮持续升温。

在当下新品牌层出不穷、传统品牌纷纷转型升级的时代，很多人都在思考：

➢ 为何这个时代的新品牌可以层出不穷且能实现超级增长？

➢ 这些新品牌是如何打造出来的？它们的进化之路是什么？

➢ 如果创建一个新品牌，是否有可复制的超级增长方法论？

为什么新品牌层出不穷

三顿半，2015年创立，2019年天猫"双十一"，1小时卖出60万颗，当天的成交额超过2018年全年，打败百年雀巢成为天猫第一。2020年"双十一"期间三顿半交易额破1亿，成为天猫冲调类目第一名和咖啡类目第一名。2021年上半年销售额已超过2020年全年（营收将近4亿元）。近三年，三顿半基本保持每年2~3倍增长的节奏，复购率近50%。2021年完成新一轮数亿元融资，投后估值45亿人民币。

元气森林，2016年创立，2020年1—5月,其业绩分别为7400万+、3900万+、1.2亿+、1.7亿+、2.6亿+,总计前五月卖出6.6亿元,日均销售440万元。

泡泡玛特,是成立于2010年的潮流文化娱乐品牌。2016年6月,泡泡玛特就与设计师王信明（Kenny Wong）签署战略合作,开发了属于粉丝的潮流玩具——MOLLY ZODIAC星座系列潮流公仔。2018年11月,泡泡玛特在天猫"双十一"当天销量2786万元,斩获天猫模玩类目第一名。2020年12月11日,泡泡玛特在港股挂牌上市,被称为"盲盒第一股",当日公司市值破1000亿港元。

…………

为何这个时代的新品牌可以层出不穷且能实现超级增长？

在分析了众多品牌之后,我想用7个关键词来回答这个问题背后的时代因素。

这7个因素分别是：新趋势、新思维、新模式、新产品、新用户、新传播、新渠道。

第一因素

新趋势：踏上"趋势电梯"实现指数级增长

人们谈到趋势往往会从技术、产品、文化、族群等多维度思考，不同维度对商业的推动是相互作用的，比如二维码在1994年就被日本电装（DENSO）旗下子公司DENSO WAVE的腾弘原发明了，但有技术无实际应用场景，发明人腾弘原在发明之初就一直不看好二维码能够被社会广泛应用。而到了移动互联网时代，随着智能手机普及，二维码成了移动互联网的入口，众多App（应用软件）出现，趋势来了，微信、支付宝等随之成了高频应用，商家收款、个人支付、关注公众号、海报裂变、扫码加好友（入群）……二维码插上了移动互联网的翅膀，越飞越高。

趋势就如同上升的电梯，当企业踏上这趟"趋势电梯"，所有的努力会呈指数级增长。比如：

抓住了2003年后淘宝、天猫电商新趋势的红利，迅速崛起的"淘品牌"：御泥坊、茵曼、裂帛、三只松鼠等；

抓住了2012年之后微信自媒体新趋势的红利，视觉志、十点读书、餐饮老板内参、同道大叔等自媒体品牌快速崛起；

2016年开始的知识付费新趋势，让喜马拉雅、罗辑思维（得到）、混沌学园等新品牌成为行业佼佼者；

2017—2018年直播、短视频火爆后，脱颖而出一大批新消费品牌，如王饱饱、三顿半、完美日记等。

表1-1 新趋势时间轴示意

时间轴	2016年	2017年	2018年	2019年	2020年
新趋势（部分）	知识付费	消费升级 新零售 新消费	短视频 种草	直播	私域流量*
代表品牌（部分）	得到App 喜马拉雅App	盒马鲜生 泡泡玛特	喜茶 完美日记 王饱饱 三顿半	完美日记	瑞幸咖啡* 完美日记

*私域流量：2018年年初，阿里巴巴率先提出了全新概念——将流量分为公域流量和私域流量。2020年8月，腾讯在财报中首次提及私域流量。2020年，新冠肺炎疫情加速了企业转型数字化和"私域"化过程的新趋势。
*瑞幸咖啡成立于2017年10月，2018年1月1日起陆续在北京、上海、天津等13个城市试营业。2020年1月31日被曝数据造假。2020年上半年，瑞幸咖啡开始通过私域流量自救。
*表内时间轴非品牌诞生时间。

一般新趋势会从"技术演进、产品认知、文化风潮、族群变迁、生活追求、内容习惯"六大维度体现。

技术演进

从蒸汽时代到电气时代，再到电脑与互联网时代，以及人工智能与物联网时代，每个时代的技术演进都会诞生新品牌，比如电气时代的代表通用电气；电脑与互联网时代的代表微软、苹果、谷歌、百度等；人工智能与物联网时代的品牌（产品）代表科大讯飞、商汤科技、小度、小爱、微软小冰等。

产品认知

不同时代对产品的认知也不同,这与人们生活、知识、视野的不断增长有很大关系,过去看饮品、食品,人们关注的是好吃、好喝,品牌、产品信息传播中也会强调口味,而现在人们更关注食物本身是否0糖、0卡、0脂肪、无添加等,健康诉求变得尤为重要。

文化风潮

当二次元、萌文化、国潮等文化风潮成为"90后""95后""00后"用户的消费偏好,也就成为新趋势,而每个时代都有相应的新趋势,在趋势之中诞生的新品牌,更具活力,更容易获得用户的认可。比如曾火爆一时的星巴克猫爪杯,正是抓住了萌文化特点,又与"撸猫人群"契合,减少了沟通成本,更容易形成消费转化。比如在服饰领域,年轻人热衷汉服、JK制服[1]、洛丽塔(Lolita)风格服饰,此类商品的消费支出也大幅增加。

族群变迁

中国人口老龄化加快,2019年中国65岁及以上人口为1.7

---

[1] JK为日语流行语,意为女子高中生。取假名音jyoshi koukousei中的J和K。

亿，占总人口的12.6%，2022年将进入深度老龄化社会。会使用智能手机的银发族也在改变以往电视购物时代的营销模式，2030年时，第一批"70后"步入60岁，他们不仅习惯于智能生活，学历、阅历、财力均让这一代银发族更具消费力；2040年，第一批"80后"步入60岁；2050年，第一批"90后"步入60岁……族群的变迁会诞生众多与老年生活相关的新品牌。

族群变迁方面除了像银发族这类与代际相关，不同社会现象（如单身）、政策影响（如二孩政策）导致的某类人群的增多或减少变化，相应也会出现新的品牌机会。比如单身人群增多后带来的"一人食"新趋势，商家在推出单人份的美食产品时如果能在包装、营销上也抓住此趋势，不仅容易形成话题，也容易吸引此族群的关注。

生活追求

当技术发展、社会进步，人均国内生产总值（GDP）不断增长到不同阶段时，看得见的"新趋势"就变成了广泛的社会需求，比如常见的几个阶段：

人均GDP 1000美元时，汽车开始进入家庭、连锁超市诞生、居民补钙需求产生、乳制品消费进入快速增长期；

人均GDP 3000美元时，私人购车呈爆发式增长、度假游开始上涨、啤酒消费曲线陡峭上扬；

人均GDP 5000美元时，体育产业开始发展、路跑开始流行、红酒和啤酒交相辉映、医疗卫生成为消费的增长点；

人均GDP 10000美元时，马拉松井喷式增长、艺术品和收藏品开始繁荣；

人均GDP 13000美元时，住宅业就会开始衰退……

人均GDP对生活追求的影响意义旨在告诉我们：大众对品质生活的追求需要国民整体消费能力的提升作为基础。目前我们只是以发达国家的经验作为参考，在已知的行业，如汽车、房产、运动等领域会有一定参考意义。近些年很多人狂热地运动健身，跑步、瑜伽等成为人们对健康品质生活的追求，与之相关的减肥瘦身的新品牌也层出不穷，有工具、平台、机构、食品饮品等，比如Keep、咕咚、HeyJuice、王饱饱等；也有人喜欢悦己的精致生活，比如戴森、摩飞电器、猫王收音机、小米扫地机等的兴起。

内容习惯

不同时代内容传播的媒介不同，传统媒体时代的广播电视、报纸杂志，到现在的图文、直播、短视频，而在近几年，短视频的产业链越发完善，从内容生产到传播平台，受众已经形成内容习惯。而此时诞生的新品牌，善于抓住此趋势的企业、团队，往往更容易快速成长，比如完美日记发掘了大量的小红书

"中腰部"达人,通过"种草文"快速将自己的品牌信息、产品特点植入消费者脑中,并为品牌带来大量的消费用户。

第二因素
新思维:思维改变商业模式,带来更多机会

在传统商业的市场中,有些企业用了新思维,就容易脱颖而出,由此带来源源不断的忠实用户,收入也随之增长。比如:硬件"免费"软件赚钱的诱饵思维、超值体验的会员思维、提升品牌忠诚度的社群思维(私域流量思维)、提升品牌价值的IP[①]思维等,很多思维已经在商业世界普遍应用,但是思维不断创新优化、重新组合会形成新思维下的商业模式。比如小米公司就是应用了诱饵思维,以硬件"不赚钱",通过软件服务(广告、游戏)等获得收益,并且在移动互联网趋势下,使社群思维落地,让其粉丝不断参与到小米的产品开发中;同时小米也应用了IP思维,打造了米兔、米粉节等IP。正是"硬件+软件+服务"的铁三角模式,成就了一家超3000亿规模的科技公司(据小米财报,2021年小米实现营收3283亿人民币,总营收同

---

① IP(Intellectual Property),是一个网络流行语,直译为"知识产权",该词在互联网界已经有所延申。互联网界的"IP"可以理解为所有成名文创(文学、影视、动漫、游戏等)作品的统称。也就是说,此时的IP更多的是代表智力创造(比如发明、文学和艺术作品这些著作)的版权。

比增幅达 33.5%）。

第三因素
新模式：商业模式+新趋势+新思维=新模式

在当今世界，企业独创一个前所未有的模式是相对困难的，一则试错成本高，二则很多模式都被验证过，或已经有类似模式。

可是在商业世界里，为何各个行业中还有层出不穷的新模式呢？

现在看到的新模式，很多是在新的环境下，用户、场景变了，模式也随之变化。比如商品买卖交易，销售模式中有自营、经销、加盟等，当互联网发展，电商就作为新模式出现了，而当直播快速流行，商家直接通过直播带货，通过短视频内容植入商品完成销售转化。内容营销、直播带货，这都是新模式，本质上还是销售商品，但是渠道变化、人群消费场景变化，随之而来就需要对企业的组织能力进行改造升级。企业是否拥有能够适应新模式的团队、组织架构、激励机制，决定了新品牌是否能够健康成长。

在经济学家亚历山大·奥斯特瓦德、伊夫·皮尼厄所著的《商业模式新生代》一书中，作者将商业模式分为"非绑定式商业模式、长尾式商业模式、多边平台式商业模式、免费式商业模式、开放式商业模式"。

非绑定式商业模式中，小鹅通、有赞均为SaaS[①]系统平台，前者专注知识付费，后者专注社交电商。有赞在初创期以"免费式商业模式"切入市场，吸引众多商家开店，2012年正是微信公众号推出的第一年，也是有赞的诞生年，众多企业流量导入到微信，需要有一个交易的平台，这时有赞商城就脱颖而出。

长尾式商业模式核心是多样少量、低库存和强大的平台。长尾模式也可以促进用户自生成并构建在用户自生成内容基础上。比如今日头条、抖音、快手、亚马逊、淘宝等。

多边平台式商业模式则是企业解决两个或更多端客户需求，比如美团外卖，一端是商家在平台开外卖店，一端是骑手，还有一端是买家用户，平台主要负责三端相互连接、有机推动。比如"互联网+知识产权"平台权大师，同样也是多边平台式商业模式，平台上有企业客户（创始人、知识产权负责人）、专业知识产权代理公司（代理人）、律师事务所（律师）等不同用户角色，分别在平台上提出申请需求、提供专业服务。

免费式商业模式是指至少有一个庞大的客户细分群体可以享受持续的免费服务，此类品牌如微信、百度、高德地图等。

---

① SaaS，是Software-as-a-Service的缩写名称，意思为软件即服务，即通过网络提供软件服务。

开放式商业模式中,华为通过研发5G、芯片、鸿蒙系统,构建自己的开放生态,为通信运营商、硬件厂商、软件公司等提供专利型产品、服务、资源,属于"由内到外"的开放;与之相比,小米生态链中更多是"由外到内",不同行业的领先产品公司,都有机会加入小米生态中,从设计到销售,通过小米的能力进行生态赋能,比如小米插线板、小米巨能写、小米平衡车、小米旅行箱等。

想要创建新品牌,商业模式的研究是必要的。商业模式是一家企业平稳运行的基础,同时可以让创业者们思考如何在陈旧的行业中打造出创新的商业模式,其基础分类并不复杂,从"非绑定式、长尾式、多边平台式、免费式、开放式"这五大类中不断细分演化,随着新趋势、新思维推进,与基础模式相加就诞生了新模式,即:

商业模式 + 新趋势 + 新思维 = 新模式

在新模式中,很多企业商业模式并非单一一种,也有可能是多个商业模式共存,比如微信,C端(个人)用户、B端(商家)用户均可以使用,而且微信本身是免费的,以"免费式商业模式+多边平台式商业模式"形成自己的社交生态新模式,用户增长后微信广告、朋友圈广告就可以向B端收费。随着微信的发展,其产品也从定位于"免费对讲机"跨平台语音通话工具升维到集支付、购物、生活、娱乐、游戏等于一体,主打

"生活方式"的社交生态平台，而这其中，产品是赢得用户、赢得市场的核心。

在新模式方面，DTC（Direct To Consumer，直接触达消费者）模式近些年火爆全球。DTC模式核心是品牌通过自营的方式来完成产品销售，通过互联网、大数据等手段直接触达消费者并与之互动，为其提供端到端的品牌、产品体验。简单理解就是把产品直接销售给用户，再通俗点儿理解就是——没有中间商赚差价。国外知名的DTC品牌，比如lululemon（露露乐蒙）、Dollar Shave Club（美元剃须俱乐部）、Third love（三爱文胸）、Hubble（哈勃隐形眼镜）、Warby Parker（沃比帕克眼镜公司）、Eargo助听器等，国内也涌现出大量的DTC品牌，比如完美日记、花西子、蕉内、蔚来汽车、三顿半等。DTC是"以用户为中心"的商业思维、商业模式、渠道打法，是一种手段，却不是目的。切勿为了DTC而DTC！

第四因素
新产品：需求+技术+团队=新产品三角模型

广义上讲，新产品包括新发明的产品、改进的产品、新品牌推出的产品、最新上市销售的产品；狭义上仅指新发明的产品。我们要展开讨论的自然是广义上的新产品。近些年新消费品牌崛起，我们看到众多新产品，它们的"新"体现在某些元素的改变，比如说元气森林，看着好像还是一瓶饮料，却是新的产品，原因就在于它诞生时改变、优化了产品的某些元素，进而抓住了用户新的需求，其产品也就大受欢迎。

新产品到底解决了用户哪些新的需求？是否有新的技术创新？企业团队能否掌握符合用户需求的核心能力？需求、技术、团队，就构成了新产品三角模型：

图1-1　新产品三角模型

需求：符合用户新的需求

新产品往往是洞察到用户的新需求而产生，比如说自从智能手机出现后，有些用户担心屏幕划伤损坏，一般会在购买手机后给手机贴膜，在当时的消费场景下，手机膜成了新需求。随着越来越多人接受了手机膜，挖掘用户需求就会在这个基础上寻找微创新，比如护眼膜、抗菌膜、防窥膜等。当然，有些手机品牌索性出厂时自带手机保护膜，甚至还送手机壳；还有当今社会，脱发人群越来越多，相应的植发、假发、生发等新产品也不断涌现；再者，人们运动、健康的需求被激活，如何更加自律地运动同时有专业的指导，这时Keep就出现了；如何完成更专业的轻断食，这时HeyJuice果蔬汁就出现了……

技术：技术创新

某项技术专利的发明，会诞生以技术为主导的新产品，如第一辆汽车、第一盏电灯、第一台电脑等，或者某种实验、某类配方研发出新品类的产品。1886年，在美国佐治亚州亚特兰大市一家药店中，一位名叫约翰·潘伯顿的药剂师发明了新型感冒药，能提神、解乏、治头痛，只在药店售卖。此药水一般是配凉水饮用，但是有一次意外改变了这个产品。1886年5月8日下午，一个酒鬼跌跌撞撞地来到了约翰·潘伯顿的药店买这种治感冒的药水，营业员本来应该到水龙头那儿去兑水，但水龙头离他有两米多远，他懒得走动，便就近抄起苏打水往药水里兑。结果这个酒鬼非常喜欢喝，他喝了一杯又一杯，嘴里不停地说："好喝！好喝！"这款药水也因此火了起来，这款加了苏打水的神奇药水就是今天的可口可乐。

团队：团队掌握核心能力

对于企业来讲，能够制造新产品、创造新品牌，需要有一个掌握新趋势、懂得新思维、会用新模式的团队，而且这个团队在新产品制造中拥有核心能力，比如技术研发能力或者营销能力。

有一次和朋友交流，谈到一家公司很有趣，它是装修公司，但是其公司没有自有施工团队、设计师。这些业务都是外包，公司主要是做方案包装与线上获客，核心能力是通过线上投放广告，互联网火时在PC（个人计算机）端投放，移动互联网热时在微信、抖音、微博等平台获客。这个团队的能力是什么？家装解决方案？服务？产品？都不是！数字广告投放与流量运营（获客与转化）才是他们的核心能力。

当下风生水起的新品牌，在新产品方面，团队需要掌握哪些核心能力呢？可以考虑从两大维度思考团队能力：

维度一：必备能力

产品研发能力：不论实物类产品，还是虚拟类产品，团队的研发能力都是最重要的，而且不同产品研发的技术含量不同。

产品包装能力：当下新消费品牌大多精于产品包装，注重颜值，为此就需要团队具备突出的包装设计能力。

第一章　新品牌超级增长的背景与方法论

维度二：增强能力

用户能力：团队成员需要拥有洞察用户、了解用户需求，善于获取用户、运营用户、转化用户等能力，此能力的高低决定了是否能开发出超出用户预期的超级产品，同时又能不断吸引用户参与到产品的研发测试以及日常运营中。

传播能力：团队得具备品牌故事包装、事件营销策划、内容创意与策划、整合传播的能力，深谙短视频、直播等内容营销之道，这是让用户认识新产品、让新产品"爆红"的能力，有此能力的团队将助力新品牌快速成长。

渠道能力：团队成员需要具备全渠道拓展、促销、运营、管理等能力，能够掌握各个渠道的不同玩法，在新品牌初创期对于社交电商、直播电商等新兴渠道的应用，是很多新产品引爆的关键。

以上能力并非限于新品牌公司团队内部，有些已经模块化的能力，且企业自身短期又很难补足的，可以选择与第三方公司合作，比如传播能力方面，市场上就有很多细分的第三方公司，短视频代运营公司、直播策划公司等。像新锐科技感内衣品牌——蕉内，创始人是臧崇羽和李泽辰，两人均在设计行业有多年的实践经验。臧崇羽担任首席执行官（CEO），他在工业设计领域有15年的经验，曾连续三次创立年销过亿的消费品牌。李泽辰是蕉内的首席运营官（COO），有15年的服装设计经验，他与臧崇羽连续三次成功创业，两人在"内衣应该是无感的"的理念下，共同创立了蕉内。蕉内的初始团队仅6人，而短短几年时间，团队就扩充到200人左右。蕉内的团队由两类人才构成，一类是负责技术与数据的工程师，另一类是负责创作和表达的创意人才。其中，内容团队由年轻一代导演、3D设计师、插画师、动画师、摄影师等组成，专门输出兼具实用性与艺术性的"科幻大片"。蕉内于2016年成立，2020年GMV（商品交易总额）突破10亿元，跃升至天猫内衣行业第二名，首家线下体验店"000号"落地深圳前海壹方城；2021年3月，蕉内开启线上全渠道铺设工作，同时开设京东店、抖音店、小红书店。截至2021年年末，连续五年销售额实现100%增长，线上GMV总计达34亿元，用户量突破1000万。

表1-2 蕉内团队能力诊断分析

	团队能力	能力级别
必备能力	产品研发能力	★★★★★
	产品包装能力	★★★★★
增强能力	用户能力	★★★★★
	传播能力	★★★★
	渠道能力	★★★★★

*此表为评价示意，仅代表作者个人观点；可作为新品牌初创期内部团队能力诊断分析。

"需求、技术、团队"的新产品三角模型，可以帮助企业挖掘出符合趋势、市场、用户的新产品。

在新品牌打造过程中，除了"新产品三角"，我们还需要思考的是：新产品包括什么？仅仅是产品本身吗？如果是一杯咖啡，企业定义的产品就是杯中的咖啡液体吗？用户定义的产品除了咖啡还包括什么？很多人去星巴克，除了咖啡，还有空间环境、音乐、服务员的微笑等体验，而星巴克也在积极让产品体验更加丰富，进而与用户建立深度联结。从企业视角定义产品，往往偏理性，更多是要素组合，比如咖啡豆、咖啡杯、咖啡、空间等产品要素的组合；从用户视角定义产品，看似用户只是买了一杯咖啡，但是用户选择星巴克，可能是因为空间环境，在大大的桌子上打开电脑，文思泉涌地写着文章，时不时喝口咖啡，这有别于家与办公室的第三空间、好不惬意的生活方式，才是对产品最好的定义。

我们可以试着列一张表格来推导产品的差异化。

表1-3 咖啡产品差异化

品牌	需求	技术	团队	企业定义的产品（产品要素）	用户定义的产品（用户感知）
自品牌	喝着咖啡，办公、交流的空间	咖啡技术、互联网技术（App等）	咖啡师	咖啡豆、咖啡杯、咖啡、门店空间、环境、服务员微笑、线上App、小程序	第三空间

续表

品牌	需求	技术	团队	企业定义的产品（产品要素）	用户定义的产品（用户感知）
竞品1	便携	冻干咖啡粉	咖啡师、设计师、营销推广	包装、速溶、活动、社群	好玩好喝的新国货咖啡潮品
……					

第五因素
新用户：新需求用户

一讲到新用户，很多人下意识想到的就是以"95后""00后"为代表的年轻用户群体，确实，新代际用户群成为主流的消费人群时，自然而然就成为品牌的新用户。但仅仅这么简单定义新用户就过于片面了，比如银发族的老年用户群体，就是养生食品、老人手环、老人鞋等产品的新用户。因此，新用户并不局限于年轻用户，而是指新品牌通过新需求的挖掘所推出的新产品，解决了一类用户的痛点问题，此类用户就是新用户。

对于新品牌来讲，因其产品、服务能够满足新用户的新需求，且又符合当下的新趋势，才最终获得他们的喜爱。而对于一些传统品牌转型升级来说，其实也是在新用户心中重新占位，不论是做品牌年轻化，还是企业二次创业，再造新品牌，满足新用户的需求都是根本。

表1-4 新用户示意说明

新品牌	新用户
HeyJuice 轻断食果蔬汁	想要变美的年轻女性用户，运动健身人群
元气森林 苏打气泡水	年轻的、热衷于追逐时尚的都市潮人们（他们相信"颜值即正义"，简洁、冷淡的风格更符合他们的审美；他们追逐"潮"，愿意尝试新的东西；同时也很纠结，想喝碳酸饮料又怕变胖）
360 儿童电话手表	家长：担心孩子走失的痛点，防丢需求 儿童：社交、打电话需求

第六因素

新传播：新+传+播=双向互动的内容营销

从品牌到用户的传播效率、沟通方式变得越来越快、越来越多。在传统媒体时代，传播一个品牌信息，通过报纸、杂志等媒体推广，传播周期是用天、周、月计算，而现在，品牌通过新媒体平台传播信息，传播周期可以做到秒级。

说到新传播，就会想到内容。过去内容的呈现会在报纸、杂志、电视等主流媒体平台，个人创作的作品往往也是投稿到各类媒体发表。而企业谈到传播，就变成了公关视角，一般以召开发布会、邀请新闻媒体记者参加会议、发布新闻消息等。

过去的内容一直停留在"我说你听"的阶段，当"人人都是自媒体"的阶段到来时，每个人都可以开通一个微博账号、都有自己的微信，也可以开通微信公众号、抖音号、视频号等，只要你善于表达且有观点，就有机会成为段子手、关键意见领袖、网红。在这个阶段，内容传播就变成了"双向互动"，而内容也就不单单是被传递的品牌信息，还具有信任背书的作用，同时也能带来销售转化。

记得看到过同一个车站不同时期的两张图片对比，一张是1916年，一张是2016年，两张图片上的人群不同，前者看的是报纸，后者看的是手机，但是相同的是过了100年，人们的阅读需求没有变，只是工具发生了变化。

当移动互联网蓬勃发展，内容创作的门槛不断降低时（如"傻瓜式"视频拍摄、剪辑工具，音乐、特效等素材库支持），新传播就变成了数字时代的内容营销。对于新品牌初期打造知名度、认知度，企业可以通过制作短视频或者创作一篇文章，在内容的选题上与用户群体产生共鸣，便有机会获得用户的关注、认可。

"新传播"就是"双向互动的内容营销"，它包括什么？

第一章 新品牌超级增长的背景与方法论

新：在新趋势下的传播

2013年自媒体、2014年H5[①]、2018年短视频、2019年直播等新趋势。

传：新的内容平台、转化工具

内容平台：微信（公众号、视频号）、微博、抖音、快手、B站（哔哩哔哩bilibili）、知乎、今日头条、百度百家号、小红书等。

转化工具：海报+二维码、H5+二维码、短视频+购物车、直播+购物车、图文+二维码、漫画+二维码等。

播：好内容与引爆点

好内容强调与用户的情感共鸣，追求趣味性、实用性、品质感。

引爆点是指在新传播中要有整合营销思维，在传播之前就要思考什么样的内容可以与用户共情共鸣？这样的内容是否容易引爆？谁来发布更容易引爆？

[①] H5是一种主要在移动端展示和传播的页面。

表1-5 新传播示意说明

品牌&产品	新传播 平台	新传播 内容	转化效果说明
HeyJuice 轻断食果蔬汁	微信公众号	标题：《人生拥有这么少，还不是因为你吃得多》 内容：如何锻炼、保持身材的干货文章，有故事，也有食谱，向读者传递一种积极的价值观。	超过60万元销售额
西少爷肉夹馍	微信公众号	标题：《我为什么要辞职去卖肉夹馍》 内容：创始人讲述创业背景故事，北京、IT男、名校毕业、因吃不上家乡正宗肉夹馍、辞职创业……	开业当日上午11点就送出1000个肉夹馍，火爆异常，创业100天，店铺累计售出20万个肉夹馍

第七因素

新渠道：数字时代的全渠道思维

2013年8月12日，小米公司在QQ空间首发红米手机，90秒钟10万部手机售罄；2020年4月1日晚8点罗永浩抖音直播首秀，成交额达到了1.1亿元；2020年格力从首次直播成交22万元开始，到3小时成交3.1亿元，再到"六一直播"销售达65亿元……

第一章 新品牌超级增长的背景与方法论

渠道发生了巨大的变化是显而易见的。过去线下商业时代，渠道单一，终端渠道多以商超、百货、门店等业态出现，而数字时代让渠道变得更加多元，除了线上电商渠道，还有外卖渠道、新零售渠道，包括直播、社群、私域流量、信息流广告的精准推荐，都是新渠道模式。从过去人们找商品，通过搜索、查找行为，到如今因为兴趣内容的匹配，进而产生消费冲动的购买行为，渠道维度的变化，让拥有新渠道能力的企业有了快速"超车"的机会。

我参与天使投资，同时担任首席增长官（CGO）的鲜花新零售品牌——心情不错鲜花（有花以后公司旗下新零售品牌），这两年在新渠道方面不断升级变化。过去团队在线下开传统实体花店，后来又在天猫开鲜花店，在电商渠道一直做到行业头部，而如今重新制定战略目标，实施超级增长策略，2021年在美团外卖上线超万家花店，2022年开始大力布局抖音等平台，在2022年"214情人节""38女神节"期间销售同比增长4~6倍。心情不错鲜花之所以能不断超级增长，单从渠道维度上看，正是因为抓住了不同新渠道的机遇，团队掌握了鲜花、互联网等方面必要的能力。

渠道是企业产品变成商品、从商品变成用品的流转通路，是消费者选择商品的消费通路。从古代的市集到如今的百货卖场、超市、购物中心、电商平台、新零售、自动售货机、直播带货等，渠道的发展过程可以分为：单渠道、多渠道、跨渠道、全渠道。

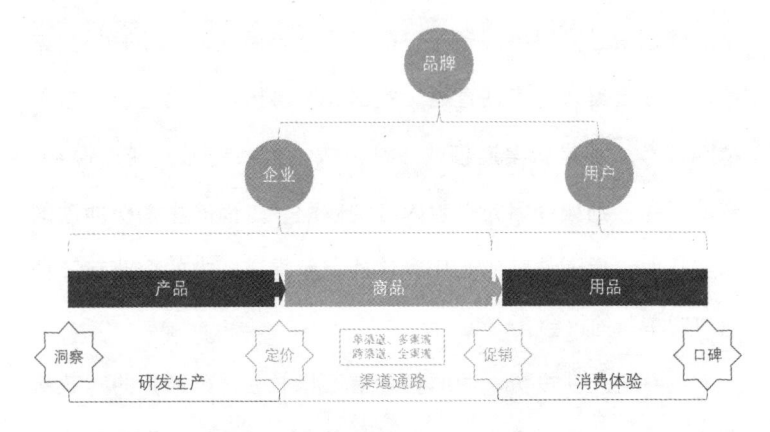

图1-2　从产品到商品、用品的流程图

单渠道：一般指实体店铺时代，企业只通过单一的线下实体店铺渠道进行销售。如今互联网普及，大中小企业单渠道模式被打破，如果是消费品品牌，更容易进行线上获客成交。目前依旧采用单渠道模式的，一般是渠道品牌。

果蔬好生活超市是一个近些年崛起的新品牌，其创始人就曾对外表示，用户选择果蔬好旗下的自营品牌商品只能在实体超市购买，没有其他渠道销售。这属于企业定位策略，核心原因在于该超市环境、商品展示、售卖方式、整体顾客体验，都需要用户到线下亲自感受，线上无法实现。

多渠道：是指多个单渠道的组合，比如线下实体店、线上天猫店、京东店、微信公众号+有赞商城等。

跨渠道：是指数据时代的多渠道整合，很多企业从单渠道到多渠道，往往遇到线上线下数据不统一、价格冲突、经销商矛盾等，跨渠道主要是做线上线下的融合——

优衣库通过线下店和微信小程序打通，用户可以线上下单支付购买成功后，选择门店自提。

瑞幸咖啡的用户通过App、微信小程序下单购买，"门店自提+外卖"均可，即使在门店现场也需要使用App下单。2020年年初，瑞幸咖啡通过企业微信群进行私域流量运营，以门店导入用户进入企业微信群，通过企业微信群推送最新优惠券等信息的小程序，促进用户转化，提升渠道效能。

星巴克咖啡通过线下门店、App、小程序（微信、支付宝）、饿了么等平台整合，用户使用App"啡快"下单，"门店自提+外卖"均可。

便利蜂通过App、微信小程序、微信服务号整合，线下门店实时更新价格、促销商品、库存、会员优惠信息。

全渠道：是指数字时代的渠道思维，通过数据挖掘、数据识别，进行线上线下的数据匹配，实现用户销售转化。以往就是企业研发产品，投放到市场中，通过经销商到终端用户，而全渠道的运营在于先分析用户在哪里、他们的喜好是什么，通过用户特点进行相关内容、产品的选择，在不同平台推出针对性的超级产品，在产品包装、规格等方面也有一定区别。另外全渠道的选择，也不局限于常规认知的主流电商平台、线下商超，很多时候新品牌刚刚创立，是很难进入到主流渠道的，如何挖掘到新渠道，同时匹配自己的用户群，这是需要创业者思考的。

我们举例说明：

表1-6　各品牌新渠道说明

品牌/产品	新渠道			
某酸奶	微信公众号+商城+社群	健身房	高端便利店	
减肥瘦身果蔬汁	微信公众号+商城+社群	健身房	瑜伽馆	
某高端水	微信公众号+商城+社群	商学院	五星级酒店	
某葡萄酒	微信公众号+商城+社群	抖音+电商	天猫店	
小罐茶	线下体验店 Tea Store	天猫店	电视购物+400电话	

捕捉到一类人群的需求，且这类人群都在一个场景下聚集，比如运动健身人群常去的场所是健身房，有些新品牌会花心思在这个场景下进行营销，这不仅是获取种子用户的最佳场景，也很可能成为重要的销售渠道。

"新趋势、新思维、新模式、新产品、新用户、新传播、新渠道"这七大因素让这个时代的新品牌层出不穷，但这不是简单的因果关系,并非是"因为有了新趋势,才会有新品牌",事实上是"因为那些超级增长的新品牌,更符合新趋势、新思维、新模式……",任何时代都有新品牌诞生,每个时代也都有符合时代的趋势、思维、模式,新品牌如果缺少"七大因素",也就很难实现超级增长!

新品牌的进化之路

在"新趋势、新思维、新模式、新产品、新用户、新传播、新渠道"这七大因素的影响下诞生了众多新品牌,而运营这些新品牌的企业,大多是掌握了其中的必要能力,比如抓住新产品、新用户机遇,且做出超级产品的三顿半快速成为行业领头羊……

这些新品牌是如何打造出来的?七大因素是如何相互作用让新品牌实现超级增长的?

一杯奶茶,用户偏偏要消费"喜茶",或者"奈雪的茶",或者不远千里去长沙喝杯"茶颜悦色"。像奶茶这样的"新产品",如何进化"新品牌",我们来详细拆解"新品牌进化沙漏模型"。

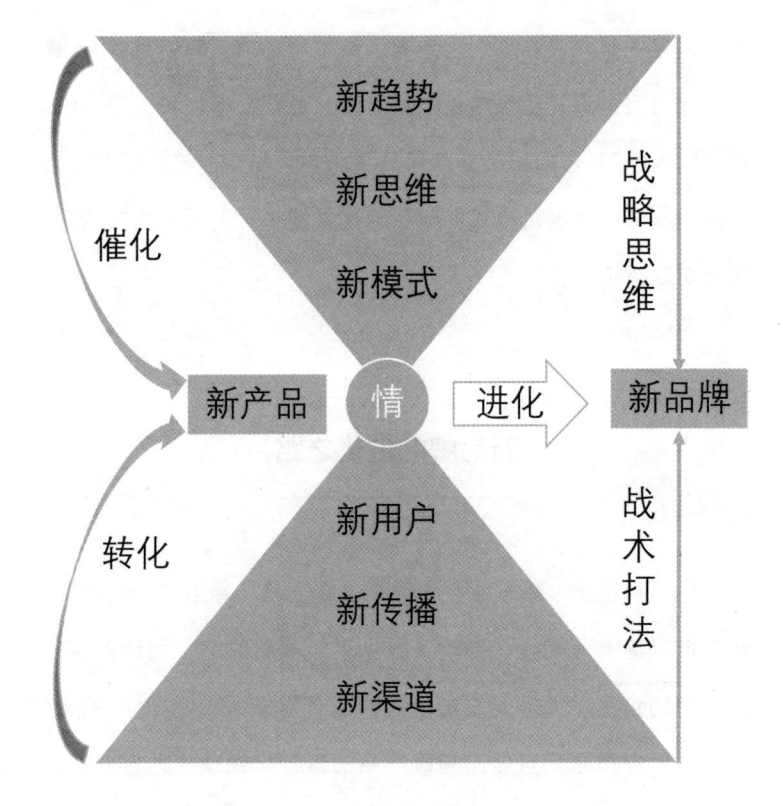

图1-3 新品牌进化沙漏模型

在"新品牌进化沙漏模型"中，从新趋势到新产品，再到新品牌，"催化""转化"到"进化"，完成了新品牌成长的路径。

第一步，催化：从新趋势、新思维、新模式到新产品。

我们发现在新趋势、新思维、新模式出现时，会"催化"

新产品的出现。什么样的新趋势下，运用哪些新思维、新模式，新品牌要有"做一年看十年"的高度、远度，这样企业发展的方向会更清晰、更有目标，这是战略思维。比如消费升级的新趋势、冻干咖啡粉的技术新趋势，都推动催化了三顿半超即溶咖啡粉新产品的诞生。

"催化"的发生需要企业具备把握新趋势的某种能力，在"技术演进、产品认知、文化风潮、族群变迁、生活追求、内容习惯"等方向的研究洞察，以及掌握某项技术、设计、内容产出能力，结合新思维、新模式，研发出新产品。反向思考的话就是新产品要符合某种新趋势、新思维、新模式，并非三者兼具才可以，但符合新趋势是必要前提，如表1-7所示：

表1-7 新品牌"催化"说明

新品牌	新趋势	新思维	新模式	新产品
元气森林	技术演进（赤藓糖醇）产品认知（0糖0脂0卡）生活追求（健康生活）	无	无	元气水（苏打气泡水）

元气森林推出了符合新趋势的新产品，并没有在新思维、新模式上有过多创新，但方向对了，速度就变快了。

第二步，转化：从新用户、新传播、新渠道到新产品。

在"新趋势、新思维、新模式"的战略思维下，用户新的需求带来品类分化的机遇，而此时公司、团队、创始人能够掌握应对变化的能力，新品牌公司会更好地获取和运营新用户、开拓新渠道、通过新传播转化用户购买产品，这是战术打法。

新品牌的新用户是谁？在哪里？为什么喜欢你的产品？如何向新用户营销？

正是对用户、传播、渠道的全新理解与方法掌握，众多新品牌快速成长，这些公司、团队善于洞察用户，知道他们在哪里、喜欢什么……进而为"一小群用户"研发新产品，比如元气森林的"日系风格包装、0糖0脂0卡"产品，并出产大量的内容，在年轻用户出现的地方，这些新产品不断被提及、被人推荐。

第三步，进化：从新产品到新品牌。

为何要谈到"进化"，我们发现很多企业擅长运营流量、营销推广、电商促销，虽说也为自己产品起了品牌名，包装也不错，但是最终做了10年、20年……这些公司的品牌价值很弱，本质还是一家产品公司，需要不断推出新产品、做促销、拼低价进行竞争。而品牌化运营的公司，是从创建初期就应该有品牌思维，且是不断进化的思维，不是一蹴而就，是循序渐进。就像过去的淘品牌，有些已经销声匿迹，有些虽在，但销量已经跌出前十、前二十（属于在"第二步"转化部分对新用户、新传播、新渠道的掌握能力不够），但进化为新品牌的企业，却能不断增长，比如在美妆领域，2016年成立的花西子，2020年

GMV达到30亿元人民币，2021年GMV为54亿元人民币。以花西子"同心锁"口红为代表，在上线首日跃进了日本亚马逊口红销量前三。不断迭代的新产品，以及中国风、民族风的情感共鸣，就像周深的歌声加上方文山的词："柳絮轻飘，尘世喧嚣，逐一退潮，伊人脸上，一抹笑，往梦里找。繁花娇，苏堤春晓，残雪断桥，美景醉了，往心里敲。人在山腰，我远眺，雷峰夕照，西湖边，琴音缥缈……看水光潋滟，晴方好，远山渺渺，花间西子笑，多娇。"意境优美、旋律简单却令人记忆深刻，一首歌中中文、日语、英文、俄语、意大利语融合，可见花西子不仅会做产品，更会做品牌。

从过去淘品牌崛起到没落，再到新消费品牌崛起，我们看到流量之于品牌的力量，这是超级增长的动力之一，但是只有流量是不行的，从新产品进化到新品牌，核心关键点是一个"情"字，需要与用户共情，做一个抢占用户心智而非只会抢占用户流量的品牌。

可口可乐前全球营销副总裁哈维尔·桑切斯·拉米拉斯所著的《情感驱动》一书中提出了"人们愿意为情感支付额外费用"，建立品牌最有效的方式，是影响人脑中的情感区域，通过理念使用户对产品建立情感，进而通过情感驱动行为。

可口可乐在用户与品牌的沟通中不断强化情感驱动这一方法论，比如昵称瓶、歌词瓶，将与用户容易产生共鸣的文案印在包装上，通过营销活动拉近用户与品牌的距离，刺激用户大脑中的情感区域。

不同年代快速崛起的新品牌也抓住了"情感"的价值点，江小白、味全每日C果汁的包装文案就是用户视角的表达，快速打动目标用户，形成共鸣，建立情感联结，并形成用户对品牌的喜爱与忠诚。

新品牌进化沙漏模型重点是在呈现新品牌打造与运作的原理，在这个沙漏中各个因素相互协作，形成催化、转化、进化的过程。为什么打造新品牌的关键点是"情"？在这个部分想花点时间与大家探讨一下我的思考与观点。

年轻一代用户在选择品牌时，对广告、价格并不敏感，这一代消费者更关注产品的实用性、包装颜值、品牌是否更懂"我"。

新品牌与用户建立情感联结，这本就是品牌超级增长之路，如果企业仅仅做产品促销，当促销停下来之后，用户很可能就流失了。用户与品牌之间的联结点不能只是折扣、优惠券，要想做一个超级增长的新品牌，销量之外也需要有"情"。目前市场上出现的各类新品牌如果缺少"情"这个关键点，很难走得长远，就如同个人在市场求职，有人善于包装自己，注意言谈举止，甚至有清晰的"符号"让人记忆深刻，那么这个人获得工作机会的可能性就会优于其他人；如果他善于沟通、情商很高，他在职场的发展也会变得更加顺利。能力就像产品，情商就如同品牌共鸣、共情，当下时代"流量品牌"正在向"心智品牌"迁移，很多企业擅长运用各种流量玩法，比如投放微信朋友圈广告、小红书红人笔记、微博大V[①]和抖音达人推荐，以及各类信息流广告等，在平台流量成本较低阶段，有此能力的品牌很容易获取流量；当大多品牌都在使用此技巧时，成本不断上涨，此时谁能抢占用户心智，谁就会胜出！而抢占用户心智，就是与用户共鸣、共情，所以我认为在当下市场中，善于与用户共鸣共情的品牌，会有更大空间。

那么，新品牌如何打造情感关键点？

第一步，品牌人设：符合品牌定位、理念、用户偏好。

举例说明：

小米：手机发烧友；

三只松鼠：卖萌的松鼠（鼠小贱，鼠小酷，鼠小美）；

江小白：初入职场的年轻人。

第二步，共情点挖掘：挖掘与用户的共情点，产品与内容结合。

[①] 大V是指在新浪等微博平台上获得个人认证，拥有众多粉丝的微博用户。由于经过认证的微博用户，在微博昵称后都会附有类似于大写的英语字母"V"的图标，因此，网民将这种经过个人认证并拥有众多粉丝的微博用户称为"大V"。

举例说明：

小米：价格厚道、感动人心、极致、工匠精神；

三只松鼠：可爱、有趣、好玩、主人文化；

江小白：生活很简单，兄弟情，朋友情（文案瓶："我把所有人都喝趴下，就为和你说句悄悄话"）。

第三步，粉丝运营：建立粉丝社群，确定粉丝昵称，打造粉丝活动。

举例说明：

小米：粉丝昵称"米粉"、粉丝形象"米兔"、粉丝活动"米粉节"；

三只松鼠：粉丝称谓"主人"、粉丝活动"超级会员"（全网底价，折上九折；专属周边积分兑换；生日特权；免费尝鲜；积分翻倍）；

江小白：粉丝活动"同城约酒大会"。

情感关键点的建立让新品牌成了"有粉丝"的品牌，而"有粉丝"不是简单理解的微信、微博、抖音等平台上企业自媒体的粉丝数，而是拥有真正喜欢品牌、购买了品牌的产品、愿意分享品牌的内容，甚至成为品牌的会员、参与粉丝活动的品牌忠实用户。过去我们形容品牌与用户的关系，会使用"忠诚度"来评价，在新品牌的成长过程中，我觉得用"亲密度"这个词更合适，打造情感联结点的第三步"粉丝运营"就是帮助品牌与用户建立、提升亲密度很好的方式方法（本书第二章用户部分详述）。

"情"会一直贯穿新品牌的超级增长之路，有些企业是把"情"做成了营销活动（小米），有些企业是把"情"融入了产品（江小白），有些企业则把"情"变成了日常运营（三只松鼠）。

新品牌通过"沙漏模型"的催化、转化、进化过程顺利诞生、增长，新品牌狭义上是指新成立的品牌，是以时间维度考量；广义上是指"新趋势、新思维、新模式"催化下诞生的新品牌，可以是新公司，也可能是传统品牌转型升级、孵化的新品牌。区分新品牌与传统品牌的本质，得看品牌打造逻辑，我们用"一张对比图"（图1-4）来看两者的差异。

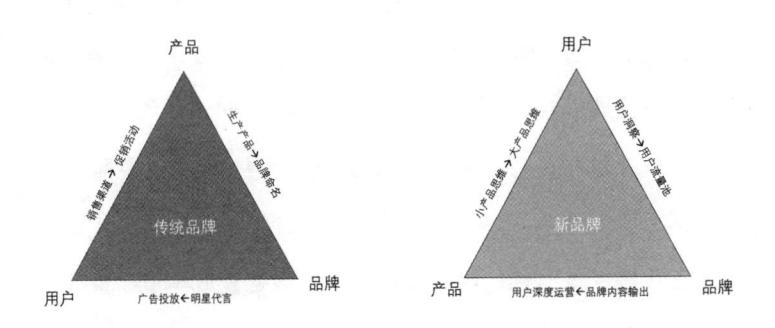

图1-4 传统品牌与新品牌打造对比

传统品牌打造步骤（产品思维主导）：

第一步，产品。

以技术、生产能力为主导，一般企业拥有某项专利技术、产品研发能力及生产能力，此类企业重点考虑产品是否有足够竞争力，在某项技术上领先市场、能够生产出产品，就有市场需求。

第二步，品牌。

传统品牌打造一般先完成产品开发、生产，或先考虑产品定位。以产品思维主导时，品牌在弱化，强调产品的技术优势、价格优势等，加上品牌基础的元素，如品牌名、LOGO（商标、徽标）符号等，之后再用海量的广告、明星代言，推动品牌的曝光，提升用户对品牌的认知。

即：产品技术卖点+品牌基础元素+大媒体大明星大投放（三"大"策略）。

如：洗发水中会基于去屑配方（产品技术卖点），品牌命名为"海飞丝"（品牌基础元素）。选择某明星代言，在某电视台黄金时间投放广告，"重量大媒体+流量大明星+海量大投放"快速提升品牌知名度，让用户感知这是一个大品牌，"我要买它"。

第三步，用户。

在传统媒体时代，用户通过单一的内容获取渠道了解了品牌信息，就会形成"知名品牌"的初步认知，而企业在广告投放前已经在渠道上架产品。

同样以洗发水为例，这时有去屑需求的用户看到广告后，需求触发，就会到超市购买该品牌洗发水。

第一章　新品牌超级增长的背景与方法论

新品牌打造步骤（用户思维主导）：

第一步，用户。

以用户为主导的新品牌，重用户洞察、用户流量池的搭建和运营，企业核心能力是研究用户的喜好，围绕目标用户创建品牌，其品牌与用户通过内容、活动建立情感联结。用户思维主导的新品牌，运营、营销能力更强。

第二步，品牌。

用户思维主导的新品牌第二步到底是"产品"，还是"品牌"？我们先看示例。

举例：某企业找到种子用户直接体验产品，但此环节前品牌信息逐渐渗透。

思考：创始人为什么要做这个产品？有哪些情怀？为什么叫这个名字……

例如：西少爷肉夹馍开业前刷屏的那篇文章《我为什么要辞职去卖肉夹馍》，在人们还没有吃到肉夹馍（产品）时，他们创业的情怀故事、品牌名（品牌）就已经传递给目标用户。从用户视角看，一篇文章先触达、打动了用户，用户知道了西少爷品牌，再到线下门店购买肉夹馍（产品）……

第三步，产品。

当用户喜欢一个品牌，长期关注该品牌的内容时，产品购买也会随之发生，企业也从过去只是以卖某个卖点为主打产品的"传统产品思维"升级为以"内容+产品+服务"为特色的"超级产品思维"。新品牌打造在"用户思维"下并非忽略产品，相反，是建立在满足用户需求、具有品牌战略的产品上，好产品一直都是品牌的基础。

那么，又是什么原因导致传统品牌打造方法失灵、新品牌打造方法崛起的呢？

第一，媒体变化，从单一媒体到人人都是自媒体。

不必过多讲述传统媒体与新媒体的差异，当人们开始用手机追剧，在爱奇艺、腾讯视频、优酷等平台看网络综艺时，在抖音、快手、哔哩哔哩、知乎等平台获得新知时，内容生产者也从单一的机构演变成全民。我们不再是每晚固定时间坐在电视机前看电视节目、电视剧，也不是每天早上买份报纸在地铁上阅读，一切能与用户联结的媒体变化后，导致品牌很难用传统打法的"集中轰炸"形成品牌效应，也难以复制过去"央视标王们"的"广告+渠道"的模式。在人人都是自媒体的数字时代，媒体更加碎片化，品牌想要找到用户且不用过多的广告费，垂直细分、精准营销、社群营销、裂变营销等营销理念与方法就成为必然。

第二，用户变化，从广告促销到内容营销。

用户对品牌的关注点发生了变化，他们不再相信单纯广告传播的信息。传统品牌打造步骤中，从产品到品牌，没有用户联结的情况下，仅仅通过"大媒体大明星大投放"这三"大"就可以造就一个看上去知名的"大品牌"；然而用户认知改变之后，他们知道哪些产品更有价值，他们会看一杯酸奶的配料表、听关键意见领袖的建议、去看朋友的推荐文章，当然也会追着网红的直播边看边买。广告、促销并没有完全失灵，依旧是营销的标配，只是新品牌打造过程中要知道用户在购买前会看有价值的内容，如评测类、推荐种草类文章等。此类内容营销，是新品牌信息传递的重要方法，同时也会带来销售转化。

当新趋势到来，需要我们重新理解、重新思考品牌打造与超级增长逻辑，从用户到品牌，从品牌到产品，从产品再到用户，构建属于新品牌的流量池，深度运营。新品牌时代，产品是基础，运营与营销让品牌势能不断放大。

新品牌超级增长方法论

新品牌的打造逻辑发生了变化，那么在用户思维下，该如何洞察用户？如何构建用户流量池？如何在渠道中打造超级产品？如何用数字化思维构建新渠道？如何在当下新媒体环境中，通过内容传播带来品牌的快速成长？……如果从零开始创建一个新品牌，能否像三顿半、王饱饱、元气森林等实现超级增长，是否有可复制的方法论？

在"新品牌进化沙漏模型"底部的"新用户、新传播、新渠道"就是转化新产品、进化新品牌的基础，也是新品牌的战术打法的核心部分，结合"传统品牌与新品牌打造对比图"中新品牌打造模型，"用户、传播、渠道"是实现新品牌超级增长的关键因素。

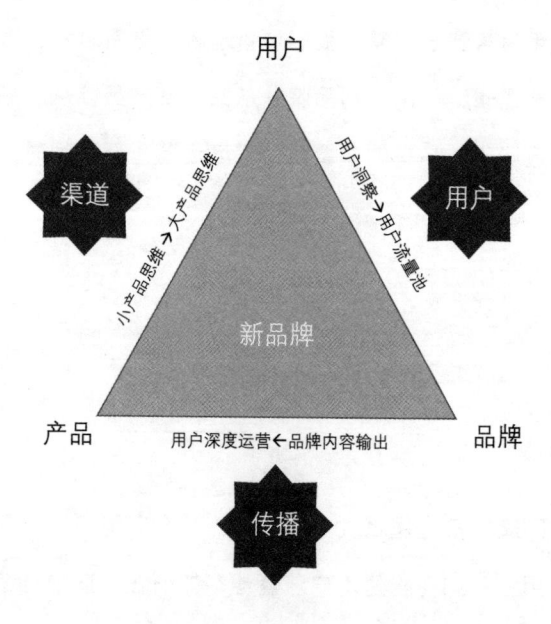

图1-5 新品牌超级增长思维

第一章 新品牌超级增长的背景与方法论

新品牌获取种子用户，构建用户流量池，通过内容与用户互动，传播品牌信息、产品信息；也可以通过数字化推荐、关键意见领袖营销等方式，最终形成在渠道中的超级产品。而在整个营销链路中，用户、传播、渠道之间的关系不是简单的加法，而是乘法关系，社会化媒体、数字营销的应用，让用户增长、内容裂变、渠道转化都有了非线性发展的可能。比如裂变营销玩法：连咖啡曾经创造过一夜之间多了52万家门店的增长记录——通过微信小程序，用户在微信群、朋友圈扩散其用口袋咖啡馆完成了开咖啡店的心愿。这不仅满足了用户需求，同时也提升了品牌知名度、促进了销售转化。

为此，我总结了新品牌超级增长（3C）方法论公式，即：

超级增长（3C）=用户（Customer）× 传播（Communication）× 渠道（Channel）

关于此公式的深度解读，我将通过第二章、第三章、第四章分别阐述 "3C" 中的 "用户、传播、渠道" 与新品牌超级增长的关系、逻辑以及细分方法论。

超级增长（3C）包括——

C1：Customer 用户

用户是新品牌超级增长的核心驱动力，就像汽油车中的发动机、电动车里的电池，它贯穿品牌整个生命周期。掌握用户能力的企业，在品牌生命周期的成熟期、衰退期，也会通过对用户的洞察、挖掘，进而找到企业增长的第二曲线。

企业的用户能力包括：从品牌未诞生前对用户的洞察分析，了解用户痛点、需求挖掘，进而对产品定位、品牌定位进行梳理，最终完成品牌初期的规划建设；而品牌诞生后针对潜在用户、目标用户的传播影响，清晰了解用户是谁，用户在哪里，用户为什么喜欢你的产品，并持续完成用户增长的规划与执行。

用户是企业增长的驱动力，他们可以激发企业产品创新，也可以推动企业组织变革，甚至让品牌年轻化。围绕用户的思维、战略、策略打法是新品牌超级增长的最佳路径，不同用户的喜好会带来新产品的机会，比如盲盒、汉服等新品类的崛起，玩具、IP、服装等企业因用户需求、喜好变化迎来了产品创新的机遇。

C2：Communication 传播

我在前文第六因素"新传播"中解读了"新、传、播"这三个字的具体内涵，其中"传"的"内容""转化工具"，引发"播"的"引爆点"，成为新品牌快速成长中"传播"的关键要素。

在过去，"传播"被看作公关手段，是从品牌到用户的单向行为,也就是企业将信息通过各种媒体传播给用户。而如今社交媒体流行,越来越多品牌开通了社会化媒体账号,用户不需要被动接收,点个"关注"就行,还可以评论、分享,有些品牌还建立了粉丝社区、社群,形成内容的双向互动。

从单向传播到双向互动,如今的传播是整合营销传播,更注重以用户为中心的传播链路,用户在哪里就在哪里进行内容传播,而每个接触点都将推动下一个行为转化。拥有整合营销传播思维,学会传播链路规划,能够大大规避声量大效果差的问题。就比如曾引起刷屏的《啥是佩奇》这段视频,从内容制作、创意本身来讲,可以称为好内容,但是如果以整合营销传播思维看,这次营销却是失败的,从电影预热到吸引观众走进电影院,不是只有好内容、引爆点就可以,在整个传播链路中需要思考如何转化,否则就白白浪费了传播引爆时的高关注流量。《啥是佩奇》的优点是有一个好内容,缺点则是没有考虑整个传播链路转化;同时预热内容与最终电影有差别,也会带来用户(观众)"糟糕"的体验。

C3:Channel 渠道

美国密歇根大学教授杰罗姆·麦卡锡(Jerome McCarthy)于1960年在其第一版《基础营销学》中,第一次提出了著名的"4P"营销组合经典模型,即产品(Product)、价格(Price)、渠道（Place）、促销（Promotion）。在新品牌超级增长中，"4P"的价值依旧存在，只是在每个维度中都发生了巨大的变化。比如"渠道"部分，在前文第七因素"新渠道"中提到了"单渠道、多渠道、跨渠道、全渠道"，而数字时代全渠道思维与布局落地，需要产品、价格、促销也随之变化，从产品到超级产品思维的变化，从无差别定价到动态场景定价，促销也可以制订精准人群促销计划。

有人说传统时代营销是"人找货"，数字时代营销是"货找人"，这个理解显然有些片面了，营销本质上都是"人找货"逻辑，只是渠道变了，人找到货的路径、时间变了。区别在于，传统时代是"人找货，货等人"的追求逻辑，二十世纪八九十年代时，人们要买任何商品，需要去百货商店、超市等场所挑选，而"货"只能在那里等"人"；数字时代则变成了"人找货，货找人"的相遇逻辑[1]，人们可以到线下、线上平台找到想要的商品，不论是搜索还是看达人种草推荐，或者即使你没有购物需求却因为一条短视频、一篇文章而激发了潜在需求，通过网址链接直达商品，同时"货"也可以通过数字营销技术实现对人群的分析、定向，判断某类人群喜好、消费倾向等之后将商品广告展现于潜在用户眼前，以大大增加用户感兴趣的

---

[1] 郑光涛：《互联网流量，让天下充满难做的生意》，http://www.woshipm.com/marketing/4225640.html，访问日期：2023年1月28日。

第一章 新品牌超级增长的背景与方法论

概率。

渠道正在变得没有边界，不是所有的消费都要先进入卖场才可以发生（不论是线下还是线上）。比如小明喜欢跑步，在公园跑步时遇到了同学小红，小红看到小明的装备很专业，于是向小明询问像自己这样的跑步小白该穿什么服装、什么跑鞋，哪个品牌更好、怎么选择等，此时小明就变成了小红身边的关键意见领袖，小明分享了商品链接给小红，小红获得优惠并下单购买，小明则获得积分奖励。整个流程小红没有去商场或许也没有记住是在哪里购买的，但是交易完成了。两人交流的场景（社交场）在线下，最终消费的场景（成交场）在线上。

在新品牌超级增长的时代，用户与传播、渠道融为一体，而非独立存在。三者之间是乘法关系，每个变量的增长变化都会带来整体新品牌超级增长的结果，超级增长就像互联网界常说的"指数级增长"一般。每一个新品牌都有超级增长的可能，实现"可能"的第一步，我们先从"用户"开始！

本章小结

<u>1. 为什么新品牌层出不穷?</u>

"新趋势、新思维、新模式、新产品、新用户、新传播、新渠道"这七大因素推动新品牌成长越来越快,七大因素为:

(1)第一因素"新趋势":新趋势会从"技术演进、产品认知、文化风潮、族群变迁、生活追求、内容习惯"六大维度体现。

(2)第二因素"新思维":在传统商业的市场中,有些企业用了新思维,就一下脱颖而出,新思维带来源源不断的忠实用户,企业收入也随之增长。

(3)第三因素"新模式":商业模式+新趋势+新思维=新模式。

(4)第四因素"新产品":"需求、技术、团队"的新产品三角模型,帮助企业挖掘出符合趋势、市场、用户的新产品。

(5)第五因素"新用户":新用户不单指年轻用户,还包括新品牌通过对新需求的挖掘后推出的新产品,恰好匹配的这部分快速增长的用户。

（6）第六因素"新传播"：新传播变成了数字时代的内容营销，要在新品牌初期打造知名度、认知度，企业可以通过制作短视频或者创作一篇文章，在内容的选题上与用户群体产生共鸣，便有机会获得用户的关注、认可。

（7）第七因素"新渠道"：渠道的发展过程可以分为单渠道、多渠道、跨渠道、全渠道。

2. 新品牌的进化之路

（1）新品牌进化沙漏模型：催化、转化、进化。

（2）新品牌进化的关键点——"情"。

（3）传统品牌与新品牌打造对比。

3. 新品牌超级增长方法论

超级增长（3C）=用户（Customer）×传播（Communication）×渠道（Channel）

第二章

用户：超级增长的核心驱动力

互联网产品早期的竞争主要落在用户上，滴滴与快的的红包大战，就是用"补贴"用户的方法快速"抢夺"市场，谁得到的用户多谁就有机会获胜，有一种"得用户者得天下"的感觉。不论是互联网产品还是新消费品牌，用户都是企业发展、增长的核心驱动力，很多善于通过流量运营、补贴用户抢占市场的品牌已经抓到了一波增长红利，可称为流量品牌阶段。而如今正处于从流量品牌到心智品牌过渡阶段，如何抢占用户心智，从品牌定位到用户定位需要以用户为核心来驱动产品创新，很多新品牌就是洞察到用户的新需求而开发出了新产品，例如三顿半、茶里、小罐茶、元气森林等。

不论时代如何变，很多本质不会变，关于"用户"，其本质可以理解为三问：

➢ 用户是谁？

➢ 用户在哪里？

➢ 用户为什么喜欢你的品牌？

为什么用户是超级增长的核心驱动力

记得一次论坛活动交流中,有嘉宾说自己之前一直不理解为什么年轻人会喜欢盲盒,泡泡玛特为什么值那么多钱。类似这种不理解某种新消费形态的现象比比皆是。当你发现一种新消费形态,而自己很难理解它,甚至即使努力了解也很难产生兴趣,这说明很可能你已经被时代"抛弃"了。现实中消费浪潮的更迭就是随着一代代消费者成长、消费意识变化、消费商业的衰落与增长,此起彼伏。很多消费形态、文化现象看似小众、非主流,一个阶段中可能是被人忽略的"小浪花",而当越来越多的年轻人开始喜欢、达成共识时,曾经的一朵朵"小浪花"就形成了影响全社会的大众主流消费浪潮。

我在第一章中已经谈到新品牌与传统品牌的不同之处,前者是用户思维,后者是产品思维。所谓用户思维,就是需要洞察用户、挖掘需求,同时触达、激发、转化用户,建立流量池,从公域流量进入私域流量去经营用户,进而形成用户的持续复购、裂变增长。

第二章 用户：超级增长的核心驱动力

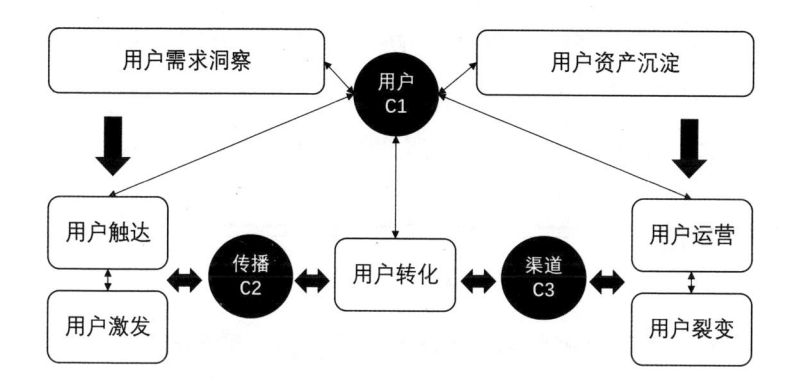

图 2-1 用户思维

要回答"为什么用户是超级增长的核心驱动力"这一问题，看图 2-1 就不难理解了。可以说，在超级增长中，"用户 C1"贯穿"传播 C2""渠道 C3"，用户不同阶段的不同行为，驱动了新品牌超级增长的变化、发展，如：

C1（用户）×C2（传播）：在用户转化的链路中，用户需求洞察是发现用户痛点，找到产品卖点，制造用户痒点的重要阶段，之后通过创作针对目标用户的好内容，触达、激发用户，形成用户与品牌的共鸣；

C2（传播）×C3（渠道）：产生共鸣的用户进入转化阶段，直接进入渠道咨询、下单购买；

C3（渠道）×C1（用户）：在进入渠道的后链路中，品牌需要关注用户资产沉淀，针对已购用户的深度运营，增加复购率，同时进行裂变活动推动用户增长。而未购流失用户，也同样需要精细化运营，发现用户流失原因，优化商品、内容，再次"找回"用户。

案例

"三顿半"——做用户喜欢的"酷品牌"

创立于2015年的三顿半主打原创的精品速溶咖啡，2019年"双十一"销量超过雀巢，预售的第一个小时就卖出60万颗，当天的成交额超过2018年全年，荣登天猫咖啡榜榜首，2020年的"618"依然登顶速溶品类第一。

"超即溶咖啡"让三顿半爆红，它的包装是颜色鲜亮的迷你乐高式"小罐"咖啡杯，产品辨识度极高，因此也成为三顿半的超级符号。投资三顿半的峰瑞资本在给300多位三顿半用户打电话做用户调研时发现：酷、高级感和颜值，成为用户被打动的重要因素。

第二章 用户：超级增长的核心驱动力

表2-1 三顿半用户转化过程

分类	吸引	体验	裂变（复购）
产品特点	迷你小罐包装数字符号+颜色识别	三顿半冻干咖啡粉（超即溶咖啡），3秒即溶于冰、热水和牛奶，口感逼近现磨咖啡	• 冻干咖啡粉倒进冰水、牛奶、果汁、可乐、汤力水里，轻轻摇一摇，一杯冷萃、拿铁或者咖啡饮品就完成了。冲泡过程就是一件好玩的事情，美感十足，很适合通过拍摄短视频分享到社交平台； • 推出24颗盒装系列，并且通过满减优惠券，让消费者一次买两盒最划算。
用户感知	高颜值（好看）	高品质（好喝）	高性价比+高能玩法（好玩）
总结	颜值即品牌	品质即口碑	产品即营销

关于三顿半用户如何驱动超级增长方面，总结如下：

C1（用户）×C2（传播）：三顿半的用户以活跃在短视频平台、社交网络上的年轻人为主。他们可能不是某知名咖啡的忠实粉丝，甚至可以说都不算咖啡的重度用户，但很可能是短视频、直播、社交网络的重度用户。他们在不断观看内容时发现了三顿半品牌（触达用户），知道了其拥有高颜值迷你小罐包装还有各种花式喝法（激发用户）。

C2（传播）×C3（渠道）：通过视频、图文令人跃跃欲试，用户有冲动下单购买，点击进入电商页面（转化用户）。

C3（渠道）×C1（用户）：用户通过1次购买、2次购买……将自己平时并不规律的饮品消费替换成了三顿半咖啡（三顿半在设计产品包装组合和促销时，通过数据分析出，当用户在两个月内连续消费50杯咖啡，并且90天内形成40%的复购时，基本就形成了咖啡消费习惯，而两盒就是48杯，接近50杯[1]）。咖啡消费习惯养成，不仅带来不断的复购行为，同时也培养了属于自己的忠实用户群（运营用户）。三顿半咖啡的"高颜值+高品质+高性价比+高能玩法"让用户感知为"好看、好喝、好玩"，令用户感到"酷"。从产品到公司，我们继续思考，这是一家什么样的公司。与其说是一家咖啡公司，不如说是一家以咖啡为核心的"酷公司"，产品够酷，用户使用后觉得自己也很酷，如此感知转化带动了大量的非咖啡用户群加入其中（裂变用户）。

【案例延展说明】

颜值即品牌：高颜值=好看

"高颜值"简单理解好像是指产品包装要好看，但如果只是这样理解就过于表面了，从三顿半咖啡产品迭代过程可以看出，

---

[1] 王诗琪：《咖啡"黑马"三顿半：1小时卖出60万颗，打败百年雀巢成天猫第一》，http://www.iwshang.com/articledetail/262134，访问日期：2023年1月28日。

第二章 用户：超级增长的核心驱动力

第一代、第二代从挂耳咖啡到冷萃滤泡咖啡，即使在包装上花心思设计，也未必能达到第三代"迷你小罐"的包装创意，而后者才是高颜值的代表，能够成为品牌的超级符号，形成用户的记忆点，且在人们不知道是什么品牌、什么产品时就可以吸引用户关注，吸睛力十足。同时高颜值的产品也有助于用户进行社交分享。产品的颜值体现，除了包装设计，还有陈列、传播、电商详情页等各类与用户接触的内容素材，都需要具有高颜值特点，同时要有统一风格。颜值即品牌就是当品牌没有知名度时，颜值可以获客、吸引用户注意力；当品牌不断成长时，颜值形成的品牌记忆点，便于用户传播，增强品牌识别度，一看到"迷你小罐"、数字符号就会想到三顿半咖啡。

品质即口碑：高品质=好喝

伴随着消费升级，人们不断追求高品质的产品，介于速溶咖啡与手冲咖啡之间，以精品速溶咖啡为卖点的三顿半，从线下咖啡馆到挂耳咖啡、需要等待10小时的冷萃滤泡咖啡，再到3秒冷萃即溶冻干咖啡粉，每个阶段都在追求咖啡的味道、品质，而在技术、速度上的不断优化提升，最终迎来了第三代"超即溶咖啡"的超级产品诞生。新品牌的超级增长需要高品质的产品作为基石，也是源源不断好口碑的根本，这就是"品质即口碑"。

产品即营销：高性价比+高能玩法=好玩

卡位在5~8元一杯咖啡的三顿半，从产品包装、品质，以及通过24颗盒装、优惠券等组合销售方式，塑造了高性价比的用户直观感受。"产品即营销"是从产品本身、卖法、用法等多维度让用户感受到这是一个好玩有趣的咖啡品牌。在内容习惯的新趋势上，三顿半抓住了微信、小红书的图文内容，以及短视频分享时代，用户在小红书等平台上晒出花式冲泡方法、有设计感的杯子、参与回收咖啡空罐的"返航计划"等，在点赞与"好看""酷"的好评中，三顿半俨然成为某种"社交工具"，是吸引同好、区分族群、标注自己身份的重要标志物。

简而言之，我们可以从以下几点来理解为什么用户是驱动新品牌超级增长的核心驱动力。

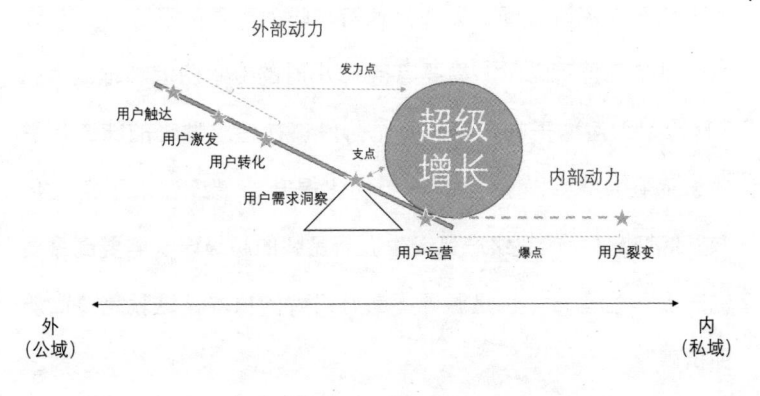

图2-2 用户驱动超级增长图

第二章 用户：超级增长的核心驱动力

第一，用户需求洞察是超级增长驱动力的支点：用户需求的不断变化将影响新品牌增长的方向，比如对健康的需求变化，促使无糖、减脂等需求转变为产品增长的关键驱动要素。

表 2-2 用户需求洞察与产品解决方案

品牌	用户需求洞察	产品解决方案
三顿半	精品、速溶、口味容易区别	数字迷你小罐冻干咖啡
拜尔	一般感冒药某些成分容易引起患者嗜睡、犯困现象	白加黑：成分不同，颜色不同，同时通过广告语传递"白天吃白片不瞌睡，晚上吃黑片睡得香"

*仅为观点说明参考，不作为产品推荐。

第二，用户触达、激发、转化是超级增长驱动力的发力点：触达、激发、转化用户的方式不断在变化，同时年轻用户的内容偏好也在变化，如果品牌不知道如何找到目标用户群、不知道如何激发用户行动的方法，超级增长也就难以实现。记得有一次我在看短视频时，刷到某个有趣且实用的厨房用品，看到视频展示感觉很新奇，便果断下单购买。过去消费时，人们一般是在已知品牌信息、产品功能的基础上，才有可能主动到电商平台搜索、购买，而短视频、直播出现后，消费模式则变为边看边买，在人们对品牌信息、产品功能未知的情况下，通过内容激发了用户的购买欲望。目前平台通过兴趣标签、精准触发，令内容与用户实现精准匹配。从触达、激发到转化，这是超级增长驱动力的发力点。

第三，用户运营、裂变是超级增长驱动力的爆点：从外到内，从公域到私域，通过对用户的深度运营，不论是会员体系、积分奖励，还是用户社群的建立、运营，通过不断建立与用户的深度联结，增加用户对品牌的了解，当其投入成本（时间成本、财务成本等）不断提高，同时又在社群中建立了各种关系联结，用户逃离的概率会大大下降。假设你办了一家瑜伽店的会员卡，同时加入该店社群，每天一起练习瑜伽的成员逐渐成为朋友，练习的记录通过线上平台统计，不断获得积分、勋章等进阶奖励，同时瑜伽店不断推出活动，比如老带新奖励课程优惠券等；在课程质量、效果等多方面正向因素下，你很可能在朋友圈发个带有专属二维码的海报，或者在好友群里主动扩散，甚至会附上自己的心得体会，如此裂变的力量就形成了自发式的滚雪球效应。超级增长的爆点就在于有多少用户被打动愿意成为"推广员"，而品牌需要做的事情，就是做好基础运营工作，提供充沛的"弹药"。

第二章　用户：超级增长的核心驱动力

新品牌超级增长的"用户三问"

在思考新品牌超级增长时，这"三问"尤为重要：

一问，用户是谁？

二问，用户在哪里？

三问，用户为什么喜欢你的品牌？

随着不断的追问，抽丝剥茧般对用户进行洞察与挖掘，让新品牌更清晰、更有针对性地实现超级增长，用户越准，增长越稳！

关于"用户三问"，我们逐一分析拆解。

一问，用户是谁

我常会向品牌方提出问题：用户是谁？

大多数回答者描述的用户角色不是购买者，就是使用者，前者的角度是谁来付费谁就是用户，后者角度是谁来使用谁就是用户。这些回答看上去好像都没有问题，可是在企业实际运营过程中会发现，只关注购买者、使用者好像缺失了什么。那么，除了购买者、使用者，还有哪些用户角色呢？

例如前一节案例中的三顿半咖啡，在小红书、抖音等平台有分享其产品使用心得的关键意见领袖、关键意见消费者（Key Opinion Consumer，简称KOC）。他们既是用户也是影响者，在三顿半咖啡超级增长阶段，这些影响者起到了关键推动作用。

我在为品牌提供咨询服务时，常会用到用户五大角色模型，即：发起者、影响者、决策者、购买者、使用者。需要说明的是，这是广义定义用户的方法，而狭义用户仅指使用者。

发起者：谁想要这个产品谁就是发起者。注意，我们说的是用户角色，是发起者，而不是发明者，千万不要理解为产品经理。示例说明：小明妈妈想要给小明买一个可以定位可以打电话的儿童智能手表，小明妈妈就是发起者。

影响者：受谁影响买了某品牌产品谁就是影响者。示例说明：小明妈妈在社区妈妈群中看到小红妈妈推荐了一款儿童智能手表，并联系沟通了解详情，小红妈妈就是影响者。

决策者：谁来决定要不要买、要买哪一个品牌？做决定的他就是决策者。示例说明：小明妈妈了解了市场上的各种儿童智能手表信息，与小明爸爸沟通，最终小明爸爸做出购买决策，小明爸爸就是决策者。

购买者：谁来付费购买谁就是购买者。示例说明：小明妈

第二章 用户：超级增长的核心驱动力

妈通过小红妈妈推荐、小明爸爸决策建议，最终买了××儿童智能手表，小明妈妈就是购买者。

使用者：谁来使用谁就是使用者。示例说明：小明妈妈把儿童智能手表送给了儿子小明，小明就是使用者（另外，小明妈妈、小明爸爸同时也是使用者，此产品是小明佩戴在手腕上，实质爸爸妈妈通过App绑定可以实时查看孩子的位置，也可以与孩子通话，属于该硬件设备的间接使用者，而小明是直接使用者）。

以上示例不代表全部用户角色都是如此，儿童智能手表发起者也可能是小明，影响者也可能是小红或者某个科技达人，不同用户角色组合成了一条转化路径，而企业发展不同阶段先向谁营销、如何营销？（比如企业选择发展初期面向影响者营销，通过体验产品，发布体验报告，进而影响其他用户角色。）这就是做用户角色区分的重要意义所在，而且不同路径也代表了产品卖法、渠道模式的变化。

━━ **案例** ━━

脑白金的用户角色

你认为脑白金的五大用户角色是（　　）？

A. 老人（发起者）、其他老人&导购员（影响者）、老人

067

(决策者)、老人(购买者)、老人(使用者)

　　B. 老人(发起者)、营业员(影响者)、子女(决策者)、子女(购买者)、老人(使用者)

　　C. 子女(发起者)、营业员(影响者)、子女(决策者)、子女(购买者)、老人(使用者)

　　D. 子女(发起者)、老人(影响者)、子女(决策者)、子女(购买者)、老人(使用者)

　　不知道你是否做出了选择?

　　虽然脑白金不是当下这个时代的新品牌,但是创立于1997年的脑白金当时也算是超级增长的新品牌了,其在品牌定位、营销策略方面都值得我们思考学习,尤其在用户角色选择方面,堪称经典。让我们先看看脑白金创立时在用户角色方面做了哪些动作。

　　第一,品类转换:从保健品到礼品,切中礼品用户。

　　在中秋节、春节等节日,配合着各大电视台"今年过节不收礼,收礼只收脑白金"的"魔性洗脑"广告,过节与送礼的消费场景结合,保健品成功从功能需求转变为价值需求,消费时机、场景、广告关联,被转化的用户大都是买来送礼,那么这类用户就是典型有送礼需求的人。

　　第二,文化关联:用户角色购买者从老人变为"孝敬爸妈"

第二章 用户：超级增长的核心驱动力

的子女。

"孝敬爸妈脑白金"这句广告语不仅深入人心，而且把中国传统文化中"百善孝为先"的精神与品牌关联，将"孝敬爸妈=送脑白金"的概念不断植入人们大脑，再与节日回家看望父母的习俗结合，同时在"品类转换"配合下，购买者发生变化。老人想要"年轻态"、需要保健品，但是不舍得自己花钱购买，而子女在节日时回家需要选择伴手礼，脑白金就抓住了这个机会。

第三，决胜终端：营业员成为决策关键的用户角色——影响者。

过去有不少资金雄厚的保健品企业只知道铺天盖地投广告，而轻视了终端管理。在脑白金的终端策略里，除了产品陈列、POP（卖点）广告[①]、宣传品等必要环境氛围，营业员的素质培养是关键一环，史玉柱说："在药店和商场中，营业员导向在消费者购买行为中起着重要作用，这就要求我们必须和营业员多沟通、交朋友，真正做到用真情去感动营业员，让他们能真心实意地为我们公司着想，当有其他同样可以改善睡眠和调理肠

---

① POP广告（Point of purchase advertising）是指在各种营业现场设置的各种广告形式。凡是在商业空间、购买场所、零售商店的周围、内部以及在商品陈设的地方所设置的广告物，都属于POP广告，利用其强烈的色彩、美丽的图案、突出的造型、准确而生动的广告语言，可以创造强烈的销售气氛，吸引消费者的视线，促成其购买冲动。

道的产品存在时,能够推荐购买脑白金。"

史玉柱制订的脑白金营业员培训计划:

要及时掌握终端及营业员的动态情况,每两天走访终端,并举行终端营业员工作分析总结;

办事处要每三个月召集A、B类的终端营业员进行一次产品知识系统培训;

营业员应该熟悉掌握脑白金基本知识——什么是正宗脑白金,脑白金功效与原理、案例等。

总结以上三点,再思考脑白金的五大用户角色,选择"C"比较适合。即发起者是子女,传统佳节时想要买礼品孝敬爸妈,在商超、药店终端,营业员是影响者,决策者与购买者都是子女,最终送到父母手中,老人(父母)是使用者。

在这条用户角色链中,发起者与影响者都至关重要,而企业则是通过广告、培训等传递品牌信息,推动产品转化——从保健品转化为礼品。近些年超级增长的小罐茶也是类似的新品牌打造逻辑,从茶叶品类转换为礼品,用户角色马上就随之变了。

五大用户角色应用时,可以拆解出多条角色链路径,最终根据企业自身资源、能力,选择现阶段最适合,且与竞品有差异化竞争力的路径进行品牌营销。

在新品牌超级增长过程中，要注意用户角色的两大特点：

第一，与客单价有关。

客单价越高角色相对越多，例如买房、买车，发起者、影响者、决策者、购买者、使用者可能非同一个人；客单价越低角色相对越单一，例如我要买一瓶水，基本上不会受到太多人影响，5个角色很可能都是一个人。但是新品牌即使客单价低，也会出现影响者角色，就如同前文分享的三顿半咖啡，一颗只要5~8元，通过影响者——关键意见领袖、达人分享带动网友购买。

第二，与业务模式有关。

B2B业务用户角色界限清晰，B2C业务大多角色可能重合。B2B业务多以采购招标形式为主，最终使用者与决策者、购买者等都有明确的工作职能区分，每个职能用户角色所关注的点也十分清晰，所以用户角色模型在B2B领域应用更有价值。

为什么新品牌要明确用户角色？

第一，确定路径。

用户角色分析适合团队内部进行头脑风暴，找出符合自身特点、适合现阶段发展的用户角色路径。

第二，制定方案。

在明确路径后，对用户五大角色的拆解能让新品牌清晰知道该先对谁说——是发起者，还是影响者……之后再制定具体方案，根据决策转化链路，针对每个用户角色的关注点、传播内容、媒介也各不相同。

表2-3 面对不同用户角色，如何制定针对性方案
（以某宠物食品新品牌为例）

对谁说？（用户角色）	发起者	影响者	决策者	购买者	使用者
	宠物主人	宠物达人&宠物医生	宠物主人	宠物主人	宠物
说什么？（内容）	品牌认知度、知名度、产品功能	使用体验效果、产品实力、检测报告	品牌信任背书、机构与专家推荐、价格比较	促销政策、服务承诺、增值服务	产品组合、互动活动
形式	资讯、植入、短视频、社群、知识分享、广告、事件营销	展会、媒体评测、达人试用体验	资讯、发布会、短视频、广告	直播、广告、活动	买赠、晒图分享
怎么说？（方式）载体	• 科普：图文、视频 • 资讯：通过今日头条等兴趣引擎推送相关新闻 • 社群 • 知识分享 • 广告投放	• 活动 • 评测报告 • 短视频 • 图文	• 资讯：新品牌获得某类奖项、认证等资讯内容 • 新品发布会 • 有明星、专家推荐的短视频、广告	• 直播：针对某宠物社群的直播，或者邀请达人进行直播带货 • 电商广告	• 电商买赠 • 晒图分享激励（买家秀）

在初创期、成长期，三顿半、王饱饱、蕉内、花西子、完美日记等新品牌在用户的影响者角色方面不断探索，尤其是从

第二章 用户：超级增长的核心驱动力

关键意见领袖到关键意见消费者的变化，很多用户在购买商品前愿意到小红书等平台查找相关笔记，而用户清晰知道哪些是广告，哪些是真实用户（KOC/KOL）分享的笔记内容，这些内容对其消费决策起到了至关重要的决策导向作用。

《2021中国数字营销趋势报告》指出，从2018年到2020年，品牌持续加码，KOL营销价值增幅超50%，2020年前三季度同比增长52%，KOC强势崛起，投放占比近五成，圈层影响力更优秀。[1]在新品牌发展的不同阶段，可针对不同用户角色进行营销与运营，选对用户角色，是实现新品牌超级增长的前提。具体建议如下：

初创期：建议以影响者为主，可以通过招募达人体验、与专家合作评测等，吸引第一批种子用户，通过社群运营将种子用户培养成为关键意见领袖，同时建议关注发起者角色，由于新品牌初创期知名度低、认知度差，可以通过事件营销、体验营销，让用户快速建立对该品牌的认知。

成长期：在新品牌成长期，品牌已经有一定的认知度，适合针对影响者、决策者、购买者角色进行营销，例如影响者方面可以挖掘更具知名度的明星代言；针对决策者，可以不断增

---

[1] 秒针营销科学院、全球数字营销峰会（GDMS）、媒介360：《2021中国数字营销趋势报告》，http://www.199it.com/archives/1173605.html，访问日期：2022年11月10日。

强品牌的信任背书,例如跨界联名、行业认证等;在此阶段重点要加大渠道能力,为购买者角色提供便捷通路,例如促销活动、产品互动活动等。

成熟期:此阶段重点关注使用者,强调用户运营,对用户进行新需求挖掘。

表2-4　企业发展各阶段用户营销与运营重点

阶段/角色	发起者	影响者	决策者	购买者	使用者
初创期	适合初创期（营销）	适合初创期（营销+运营）			
成长期		适合成长期（营销+运营）	适合成长期（营销）	适合成长期（营销）	
成熟期					适合成熟期（运营）

以上初创期、成长期、成熟期三个阶段与五大用户角色之间并非标准模板,也不代表每个阶段其他用户角色不重要、不能进行营销,我们只是分析总结当下众多新品牌的经验与规律,为大家制定自己品牌超级增长方案时提供参考。

二问：用户在哪里

"用户在哪里"的问题对于初创期的新品牌尤为重要，先想清楚上一个问题"用户是谁"，之后就能够推导出这个问题"用户在哪里"以及下个问题"用户为什么喜欢你的品牌"，实操时我们常常是放在一起思考。

举几个应用场景来看看这些品牌的用户在哪里。

案例

Keep通过"埋雷计划"找到用户

Keep创立于2014年，正值国内健身运动热潮兴起的新趋势，从广义上讲，Keep的用户群是喜欢健身运动的人群，如果深入分析Keep的目标用户，他们的需求会是：

平时太忙，有钱没时间去健身房，家里又没有器械；

想健身，没钱去健身房办卡、请私教；

网上有健身攻略，太多太散，不系统，很难分辨是否专业；

健身很难坚持，没有一个工具监督提醒……

分析用户画像，可以清晰知道他们是什么样的人、需求是什么：这些人通常在一二线城市，以有意向健身的白领为主，他们可能有钱没时间，或者没有额外消费能力去健身房。这样一群人在哪里呢？如果我们一对一去寻找，速度太慢，如何实现用户的超级增长呢？

Keep在正式上线App前相继启动了"埋雷计划"，正是这项计划为Keep带来了最早期的种子用户。

"埋雷计划"是Keep运营团队在产品上线前一个月，锁定近百个垂直社区及社群，在各种QQ群、微信群、论坛、贴吧，以及豆瓣小组里，"埋下"Keep的一些帖子或者是内容，主要是发一些健身经验，并维护好帖子的热度。在Keep正式上线后，运营人员通过积攒下来的关键意见领袖告诉用户，这些都是一款名为Keep的App能够带给你们的。这时再放出产品下载链接，推荐大家体验，形成App用户转化。[①]

"埋雷计划"的产生，源于Keep团队发现大量喜欢健身、准备加入健身运动阵营的人会在各大社群、社区寻求信息帮助，而好的内容（雷）输出恰恰可以吸引大家的关注。在产品上线前潜入社区、社群之中，分享经验、干货内容（埋雷）就为日后引爆带来了可能，事实证明效果不错。"埋雷计划"培养了

---

① 柳不浪：《从零开始做运营：Keep的百日进阶》，http://www.woshipm.com/operate/747157.html，访问日期：2022年11月10日。

第二章 用户：超级增长的核心驱动力

Keep 的第一批铁杆用户，形成了约 4000 人规模的内测用户池，在他们的帮助下完善了 Keep 的上线版本，随后在上线百日时，就获得了百万级用户。

表 2-5　Keep 用户超级增长

品牌	用户是谁	用户在哪里	用户超级增长效果
Keep	• 一二线城市有意向健身的白领，急需教程、攻略等帮助的人（发起者、决策者、购买者、使用者） • 健身达人、教练（影响者）	近百个垂直社区和社群，在各种 QQ 群、微信群、论坛、贴吧，以及豆瓣小组里	• 上线前一个月，培养了 Keep 的第一批铁杆用户，形成了约 4000 人规模的内测用户池 • 上线百日时，就获得了百万级用户

神州专车 U+ 开放平台的司机招募

神州专车 U+ 开放平台推出之后，急需招募符合条件的车主，审核通过后，车主可以免费获得神州专车的订单流量。其推出时，平台打出"平台 0 抽成、订单单价高、乘客素质高"的宣传。

用户是谁？

只看车主端的话，应该是想加入出行平台赚更多钱的司机。用户在哪里？

如果用传统思维招募司机，可能需要发一个招聘启示，或者委托第三方人力资源代理机构招募，在时间与质量方面很难做到高效，支出的第三方服务费用也较高（一个司机需要支付300元左右的招聘成本）。

如何快速找到这些用户，他们在哪里呢？

神州尝试通过裂变海报的方式招募司机。神州先让现有司机生成一张个人专属海报，再让现有司机把海报发至朋友圈和自己的各类好友群（很多司机的好友也是兼职司机）。其他司机好友通过该司机海报上的二维码进入并注册，接单10次以后，原分享司机就能获得100元拉新奖金，而他自己也能获得接单奖励。

在此次裂变招募活动发布的第一天，神州把海报投放进大量司机微信群，司机是第一批种子用户，神州鼓励他们发展下线。当天就生成了超3万张海报，一周内分享生成8万张海报，招募司机6万多名。按照每人300元招聘费用计算，此次裂变招募活动最终节约招聘成本近2000万元。神州专车U+开放平台微信公众号平台一周内粉丝突破20万。

通过裂变系统针对司机群体精准投放裂变海报，用福利刺激目标群体迅速完成分享裂变，我们此时再思考一下"用户在哪里"。司机们有自己的社交圈子，当海报裂变机制、激励设定好，一个种子用户了解分享后，如果邀请的司机通过审核，自己会获得相应奖励，这种实际的收益会让人"自愿"分享，甚至帮助别人下载App、手把手教怎么操作……用户群选对了，机制与激励才会达到事半功倍的效果，否则人群错了，薅羊毛党多了也会造成企业的损失，不仅不能实现用户增长，效率也下降了。

表2-6　神州专车U+用户超级增长

品牌	用户是谁	用户在哪里	用户超级增长效果
神州专车U+	想加入出行平台赚更多钱的司机	司机微信群、社交圈	用时1周，招募司机6万多名，微信平台增粉20万，为企业节约招募成本近2000万元

=案例=

完美日记如何获取第一批用户

完美日记创立于2017年，2018年"双十一"销售额破亿，2019年"双十一"销售额再次刷新纪录，28分钟超过2018年"双十一"全天销售额，稳居天猫彩妆榜第一名……超级增长中的完美日记是如何获取第一批用户的呢？它的用户是谁？用户在哪里？

完美日记用户是谁？（用户画像）

完美日记主要推出欧美系彩妆产品，针对的是18～28岁的年轻女性，价格基本在百元左右，性价比高。"大牌同厂"高性价比的产品是完美日记打动目标用户的基础。

用户在哪里？

有品牌忠诚度，且有大品牌美妆产品消费能力的用户，大多会直接进入品牌官方旗舰店、线下专柜等进行消费，而且多数已经形成消费习惯。但新一代年轻用户，对美妆产品并无明显品牌偏好，消费能力不强，更喜欢价格实惠品质不错的产品，购买前会花时间做攻略、货比三家……而在完美日记创立时期正值小红书平台发展初期，很多年轻女性在购买美妆产品前会在平台上看用户笔记。在初创期，完美日记的种子用户在哪里？

小红书。

2018年年初完美日记在小红书通过关键意见领袖的笔记植入推荐，仅8个月销量就增长了近50倍。完美日记起初只投入少量大牌明星和知名KOL打造标杆，随后广泛投放腰部以下的小众KOL及素人笔记，最后基本属于用户的自发传播。完美日记当前在小红书上拥有超过15万篇笔记，品牌账号已经拥有196万粉丝。在一个平台积累经验后，完美日记又会快速推演

第二章 用户：超级增长的核心驱动力

到另一个平台，在抖音等平台纷纷投放KOL。借助社交媒体上的传播，一方面展现产品特质延伸产品体验，另一方面无形之中为品牌做了宣传。①

表2-7　完美日记用户超级增长

品牌	用户是谁	用户在哪里	用户超级增长效果
完美日记	18~28岁的年轻女性，追求时尚、性价比	小红书	仅8个月销量增长了近50倍，2018年"双十一"销售额破亿……

　　Keep、神州专车U+、完美日记，属于不同领域的品牌，初期在获取用户方面都各显神通，我们分析"用户在哪里"，不是让大家基于案例去复制，这种简单的模仿毫无意义，重要的是学会找到种子用户的思维、思路，真正实现当你创建新品牌时，知道如何快速找到你的用户，知道他们在哪里。

　　我们模拟一个新品牌，通过"用户挖掘五步法"来演练用户思维的推进模式。

　　假设一个企业想要做一款高端瓶装水，水的品质达到市场上的高端品牌水平，定价也相似，那么，这个水品牌的用户是谁？用户在哪里？

---

① 李蓉丽、范玉丽：《新消费背景下小品牌快速崛起路径分析——以完美日记为例》，《金融经济》2020年第10期。

第一步，抓趋势。

新品牌的创建一定要抓住新趋势，以此水品牌为例，在消费升级趋势下，人们对水的品质要求越来越高，比如很多家庭都安装净水器，关于水与身体健康的科普活动也越来越多。趋势之下，更多需求随之产生。

第二步，挖需求。

过去人们生活水平低，消费能力不足，细分需求并未被激发。当人们收入增加，认知水平提升后，新的需求不断被挖掘，例如在家中做饭使用的净水、有没有给婴儿冲奶粉的水、泡茶的水哪个更适合……需求找到了，接下来需要创造场景。

第三步，造场景。

有些场景本身就存在，有些则需要品牌进行创造。

例如：在微信里发红包是一个全新的场景，但是发红包的场景本身就存在，智能手机普及后，这个场景就从线下实物红包变成线上电子红包了。以往红包只在春节拜年、结婚生子等喜事中出现，如今"发红包"已然变成日常社交行为，打招呼、活跃气氛等都可以发红包……

顺着这个思路，我们看哪些用户需求与这款高端水的定位相符合？怎么创造这款水的使用场景？

第二章 用户：超级增长的核心驱动力

产品定位	洗菜的水	冲奶粉的水	泡茶的水
使用场景	家庭、厨房、做饭洗菜用水（家庭场景）	婴儿家庭、冲奶粉使用（家庭场景）	企业家办公室、茶馆等（商务场景）
用户	家庭主妇/夫	年轻父母	企业家、茶艺师、茶馆经营者

图 2-3 用户与使用场景

第四步，做关联。

场景需要与自身产品做关联，该产品的特点是什么，在多个场景中哪个更符合？

产品定位	洗菜的水	冲奶粉的水	泡茶的水
使用场景	家庭、厨房、做饭洗菜用水（家庭场景）	婴儿家庭、冲奶粉使用（家庭场景）	企业家办公室、茶馆等（商务场景）
用户	家庭主妇/夫	年轻父母	企业家、茶艺师、茶馆经营者
关联	X（此场景净水器更适合）	X（此场景大瓶装不方便，产品需优化）	√（需要解决此水对茶的益处）
产品	1.5升大瓶装、每月快递送货上门、保证新出厂罐装、水质符合XX标准、XX大厨专用…		

图 2-4 场景与产品关联

083

企业在产品与场景、用户之间做关联，该水品牌就符合企业家办公室、茶馆等商务场景的使用需求。做关联之后，就需要找到：用户在哪里？

第五步，找用户。

"做关联"之后，我们确定推出"泡茶的水"，在场景选择中可能会出现多个，如场景A是企业家办公室、场景B是茶馆，而再推导时就要思考企业自身是否有相应的资源、能力进行快速匹配，产品是否与场景、定位吻合等相关因素。

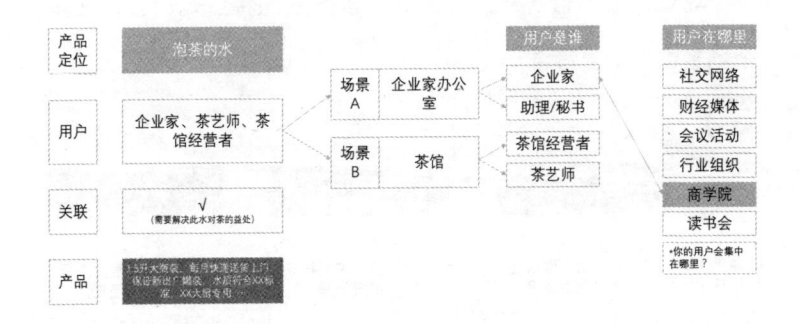

图2-5 用户挖掘路径推导

在推导的路径里，发现自身能力、产品定位等与企业家方向吻合，可能会选择一条"泡茶的水（产品）→企业家（用户是谁）→商学院（用户在哪里）"的路径进行快速获客。

而对于商学院中的企业家们，此水品牌的品牌包装、营销

第二章 用户：超级增长的核心驱动力

方式方法又要符合其身份、习惯，在对的场景、对的人群、对的时机与对的内容的共同加持下，转化就变得水到渠成。

在2016年，小米推出Max大屏手机时在B站做了一场无聊直播，我当时写了一篇文章《史上最长最无聊的直播，看不下去证明你老了!》，其中就阐述了"B站用户特点+小米Max大屏阅读游戏亮点=精准锁定用户群"[1]的观点。小米Max手机分别做了两次直播，Max 1直播17天21小时，弹幕讨论总条数突破3.17亿，共送出2238部手机；Max 2更是直播31天。直播时长会让观看直播或者看到此信息的用户感知到该手机待机续航时间足够长，这是对产品性能亮点的感知，而品牌方不断传递大屏更适合阅读、游戏场景，且价格不贵的信息。这款手机的用户是谁呢？喜欢玩游戏、阅读、消费能力不高的人群会是谁？

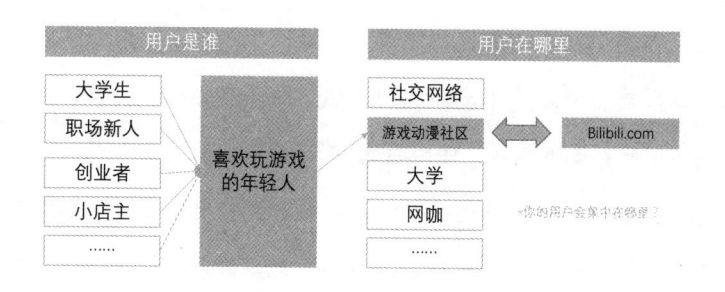

图2-6 小米Max用户挖掘路径推导

---

[1] 魏家东：《史上最长最无聊的直播，看不下去证明你老了!》，https://mp.weixin.qq.com/s/urilubeQwl0diOZ3dKvvyw，访问日期：2022年11月10日。

我们发现如果要找到喜欢玩游戏、消费能力不高的年轻用户群，在全国范围内的场景会非常多，不仅投入经济成本较大，时间也相对较长。对于新品上市，获取种子用户群来讲，需要找到这个群体相对比较集中的平台，在那里进行营销活动，这才是超级增长的方式、方法。

三问：用户为什么喜欢你的品牌

经济学者薛兆丰在《奇葩说》节目中谈"喜欢与爱"的区别：喜欢是索取，我喜欢你，需要得到某种满足；而爱则是付出，不需要回报，还会继续给予。

用户与品牌之间，更像是"喜欢"的关系，但是我们也会看到很多商品根本达不到让用户"喜欢"的程度。很多时候我们会反思，满足了用户痛点的产品，用户就会喜欢吗？用户就会购买吗？即使购买，使用后就会满意吗？

如果我们拿咖啡行业举例，市面上有星巴克咖啡、猫屎咖啡、蓝瓶咖啡（Blue Bottle Coffee）、瑞幸咖啡、Manner Coffee、雀巢速溶咖啡、三顿半咖啡、时萃咖啡、永璞咖啡、便利蜂咖啡、湃客咖啡（全家）、麦咖啡（麦当劳）、Nespresso胶囊咖啡等品牌，用户为什么喜欢这些品牌（产品）呢？

表2-8 市面上不同咖啡品牌的特点对比

品牌	产品特色	价格范围	消费场景	用户感知
星巴克咖啡	门店环境、店员微笑服务、杯子、手冲、咖啡课堂	30~40元左右/杯,如美式咖啡30元,馥芮白38元	门店、商务交流、社交活动、办公	工作方式、生活方式
猫屎咖啡	麝香猫	228元/杯(手冲式) 288元/杯(虹吸式)	门店	贵、猎奇、尝鲜
蓝瓶咖啡	选址均布局在旧工厂、老仓库和艺术博物馆周边;以新鲜烘焙的有机咖啡豆闻名	售价30~50元之间,人均40元左右,如一杯美式咖啡32元,拿铁42元,摩卡46元	门店	咖啡界的"苹果"
瑞幸咖啡	外卖咖啡、冠军咖啡师、手机点单、券多	20~30元左右/杯,优惠券、折扣后在10~15元左右。如丝绒拿铁售价32元,折扣后20元,标准美式售价24元,折扣后14元	办公室	方便、实惠
Manner Coffee	门店小而精致(2平方米),不提供社交空间,顾客即买即走,精品咖啡,坚持环保、坚持使用云南咖啡豆	单品价格集中在15~25元	门店(外带)、外卖	小巧、外带、环保、实惠,咖啡界的"茶颜悦色"

续表

品牌	产品特色	价格范围	消费场景	用户感知
雀巢速溶咖啡	条状速溶咖啡粉、1+2咖啡、赠红色杯子	1元左右/条（105.9元/盒，每盒100条）	办公室、酒店客房	方便、提神
三顿半咖啡	迷你小罐、数字符号、冷萃、冻干咖啡粉、速溶	6元左右/杯（109元/盒，每盒18杯）	随时随地、随身携带	时尚、酷、有趣
时萃咖啡	小甜圈、挂耳咖啡、配手冲壶	6.6元/杯（99元/15包）	办公室、家庭	专业又可爱
永璞咖啡	闪萃咖啡液、10倍浓缩、飞碟、冷萃咖啡冻干粉	飞碟:8.5元/杯（99元/12颗）闪萃咖啡液：8元/杯（169元/21颗）	随时随地、随身携带	时尚又有趣
便利蜂咖啡	自助咖啡机、手机扫码支付、券	4~12元/杯（折扣、返券优惠后在0~5元/杯）	外卖、便利店、早餐	方便又便宜
湃客咖啡	自动咖啡机、会员优惠	10~14元/杯，活动时会员买半价、第二杯半价等	便利店、早餐	方便
麦咖啡	早餐时段可免费续杯、现磨、鲜煮	鲜煮咖啡9元/小杯、11元/大杯；现磨咖啡20元左右/杯	快餐店、早餐、外卖	平价、套餐、早餐咖啡更划算
Nespresso胶囊咖啡	咖啡机+胶囊、时尚感、品质感、线下店在高端商圈	3.6元/杯（180元/50颗），需要先购买咖啡机，600~2000元不等	家庭、办公室、精品酒店客房	方便、有品位

*以上价格数据为2022年3月期间各品牌线上、线下价格整理，其他信息为作者对品牌体验的个人评价，仅为方便大家理解此节观点。

第二章 用户：超级增长的核心驱动力

依据表2-8信息，我绘制了一张咖啡品牌定位图（图2-7），展示品牌与产品所处位置，同样也会对应用户感知的信息。从图中可以清晰地看到，一个品牌到底切中了哪类用户群，提供哪些差异化的产品。

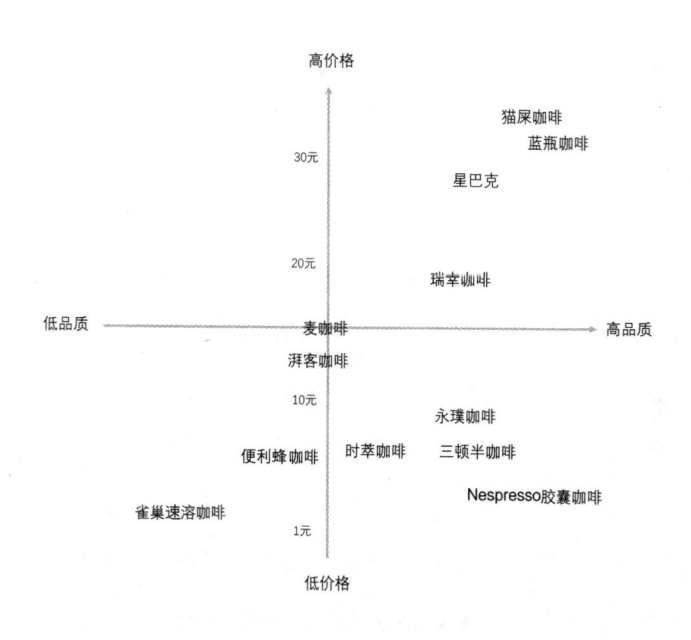

```
                        高价格
                          │
                          │      猫屎咖啡
                          │      蓝瓶咖啡
                   30元    │
                          │        星巴克
                          │
                   20元    │
                          │      瑞幸咖啡
   低品质                 │                          高品质
   ─────────────────── 麦咖啡 ───────────────────────
                          │  湃客咖啡
                          │
                   10元    │
                          │      永璞咖啡
                          │  时萃咖啡  三顿半咖啡
                   便利蜂咖啡│
                          │      Nespresso胶囊咖啡
   雀巢速溶咖啡           │
                   1元    │
                          │
                        低价格
```

图2-7　中国咖啡行业品牌定位图

"品牌定位图"是新品牌锁定产品、用户时重要的战略分析工具，同时也可以帮助我们看清楚竞品是谁、它们在哪个位置、自身有哪些优势与对手竞争，以便判断自身品牌是要提升产品

089

品质还是要降低产品价格。例如，麦当劳的麦咖啡（McCafe）进入中国发展初期，只是作为早餐搭配，以鲜煮咖啡为主，以早餐时段免费续杯为特色，价格在10元以下，品质一般；但当瑞幸咖啡等新品牌带来中国咖啡市场的热潮后，我们会发现国内麦当劳门店也升级了麦咖啡，从价格、产品、品质等方面都有所改变，竞争的位置也发生了变化。过去10元以下咖啡市场，基本都属于雀巢速溶咖啡，它在左下的"低价格低品质"区域，一直占据着领导者地位；在右下"低价格高品质"区域，成立于1986年、作为雀巢旗下子品牌的Nespresso胶囊咖啡也有着绝对优势。而2014年成立的永璞咖啡、2015年成立的三顿半咖啡、2020年成立的时萃咖啡，都是咖啡新品牌超级增长的代表，这些品牌定位清晰，找到了消费升级的市场空白区域："低价格高品质"区域中，3~10元之间是空白，且胶囊咖啡机需要固定场景，如家庭、办公室，不方便携带，恰恰是这些新品牌产品可以随身携带、随时随地享用的特点，使其使用场景更加丰富。

绘制品牌定位图，最好是从用户与品牌视角结合思考，看用户的需求到底是什么。一般我们把用户需求分为：价格需求、功能需求、价值需求。

价格需求：价格成为用户选择该品牌的主导因素，价格需求并非等于低价，它包含了低价需求与高价需求。廉价航空就是低价需求的代表，价格便宜则相应的产品、服务就会调整，

第二章 用户：超级增长的核心驱动力

例如机票不包括行李托运、机上餐食饮品都需要单独购买，座椅的舒适度也降低了。高价需求方面一般是限量类商品、奢侈品、具有收藏价值类的商品、切中小众高端人群诉求的商品等，它们均在价格上有着明显的差异化特性，例如戴森、斯麦格（smeg）家电、乐纯酸奶等。

功能需求：用户在选择某类商品时，以功能需求为主要切入点。例如可以在运动中拍照摄像的 GoPro，冲浪、滑雪、骑行、跳伞等运动爱好者用户群会因功能需求而做出选择，而非以价格、价值为主导。

价值需求：用户在选择某类商品时，因为其满足了用户某种心理需求、提供了用户需要的某类价值，而让用户产生了"喜欢"的感觉。这类价值需求一般会表现为生活方式、分享诉求、荣誉感等，例如有些用户群消费某类商品是为了强化、提升自己身份的价值感——不论族群的身份认同、地位的象征，还是仅仅让自己心理愉悦，这都是价值需求。同时它与价格需求、功能需求会组合呈现，如：某用户使用戴森、斯麦格家电，不需要"炫耀"给别人看，以悦己为目的的自我满足就属于价值需求范畴。

对于用户需求方面，基于咖啡行业众多品牌，该如何划分？

表 2-9 咖啡产品的用户需求分类表

场景	模式	价格需求	功能需求	价值需求
咖啡店	咖啡主营实体门店+外卖	【低价】瑞幸咖啡【高价】猫屎咖啡		星巴克咖啡
便利店/餐饮店	非主营+咖啡业务	便利蜂咖啡、麦咖啡		湃客咖啡
速溶咖啡/咖啡粉	零售（线上、线下）	雀巢速溶咖啡	三顿半咖啡永璞咖啡时萃咖啡	Nespresso胶囊咖啡

在表 2-9 中，三顿半咖啡、永璞咖啡、时萃咖啡放在了功能需求，为何不是价值需求、价格需求？在这里我们考量的是首选，也就是用户为什么喜欢它们的产品。在众多竞品中，它们的价格不是最低也不是最高，显然不是以价格为先导，而使用时所带来的价值感受，它们也是缺失的。但当用户对"随时随地、便于携带"有鲜明的功能需求时，这三个新品牌就会成为优选项；且在冰水冲咖啡即溶需求方面，三顿半咖啡、永璞咖啡、时萃咖啡（乐萃包冻干咖啡）又推出了相应产品，也符合此类用户的功能需求。当然这三个新品牌在价值方面也抓住了"高颜值"的包装设计带来的用户愉悦体验。包括便利蜂咖啡，它也并非只是满足用户的价格需求，同样会传递咖啡豆品质、牛奶品质等功能需求的产品特点。在价值需求方面，便利蜂的自助咖啡机就难以满足了，不过自 2021 年 3 月开始，便利

第二章 用户：超级增长的核心驱动力

蜂在其便利店里推出了精品咖啡"不眠海饮品店"，入局精品咖啡赛道和新式茶饮赛道。有网友称其为便利店里的Manner，推出半年内开设门店已达100家。这就让走进便利蜂的不同用户群的需求得到了满足。另外，还有星巴克，即使在价格上相对较高，但是在各种杯型设计、星享卡优惠券、买赠等规则下，对价格敏感、经常消费星巴克的用户来说，这也是一个选项，只是其在满足用户需求的选择上有主次之分。

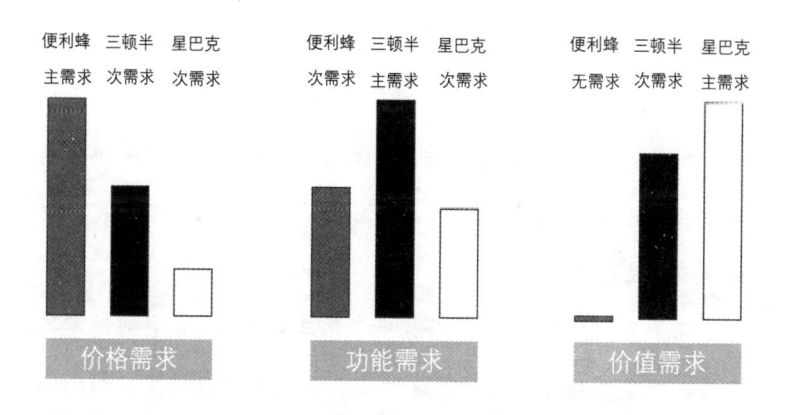

图 2-8　部分咖啡品牌主次需求区分

那么，新品牌如何让用户喜欢？

第一，选择满足一个用户主需求，并做到极致。

在新品牌初期，建议以满足用户功能需求或者价格需求为切入点，这两个部分都对应企业产品能力，能够真实解决用户痛点，且能够做到极致。

第二，配合满足一个或两个用户次需求，不断与用户沟通。

满足用户的次需求同样也可能是产品卖点，例如三顿半的迷你小罐设计、时萃咖啡的小甜圈设计，都满足了用户在颜值方面的价值需求。在价值需求满足方面，新品牌可以将产品价值与用户运营、营销推广融合，例如通过达人、用户不断分享使用产品的图文、视频，在不同场景中创造优秀内容，让潜在用户感受到使用该产品的价值。

在主需求与次需求方面，我想通过一个例子来推导，让大家更明晰用户喜欢某个品牌、产品的变化过程。

场景1：在小明家旁边一条街上只有一家餐馆，每天晚餐他都要在这家餐馆就餐，这个店的饭菜（产品）他并不喜欢，但是没有其他选择。

场景2：过段时间，这条街开了第二家餐馆。新餐馆的菜品丰富，味道不错，价格稍微贵了点，但是也可以接受。相比较而言，他更喜欢这家餐馆。

场景3：又过了一段时间，这条街开了第三家餐厅，不仅菜品丰富、味道好，服务还不错，提供擦鞋、美甲、按摩等服务，装修也要比前两家好很多，价格又贵了点，小明和朋友的聚餐会在这家店。

场景4：第一家店的老板发现客人越来越少，开始升级店

第二章 用户：超级增长的核心驱动力

面，不仅做了装修，还换了厨师，升级了菜品，价格保持原来水平，老客户开始回流，小明发现第一家店还是不错的。

很多时候，用户虽然在复购，或者不断在使用产品，但不代表用户喜欢你的产品，就如同"场景1"中小明每天在第一家餐馆吃饭，餐馆解决小明的晚餐需求，但是小明并不满意，店主可能每天都看到小明（消费频次），暂时的用户忠诚度只是还没有出现同一时机可替换的品牌而已。当"场景2"出现时，即使价格贵一点，只要在小明可消费范围内，他都愿意支付，新品牌就是因为产品与对手的差异化、比对手更加极致，才会让用户喜欢上。"场景3"出现时，价格范围超出了小明日常就餐消费的标准，这是小明在心里已经规划好的"消费钱包"（如每餐在20~30元，如果单人标准达到50~100元时，就会变成他聚会需求的"消费钱包"。"消费钱包"是无形中给用户设置的消费界限，即某类消费的预算范围），消费频次就不会高，如果超出消费能力范围、喜欢程度偏低，甚至会有距离感。"场景4"的现象出现，菜品、店面升级，价格保持不变，用户的好感度提升了，比较来看，这个店是"物美价廉"，实质上是产品升级后带来的性价比让用户产生了喜欢的感觉。

表 2-10　餐厅用户喜欢情况分析

场景	餐厅	产品（菜品、环境、服务）	价格	是否解决需求	用户是否喜欢
场景1	餐厅1	差	适中	是	否
场景2	餐厅2	良	较贵	是	是
场景3	餐厅3	优	非常贵	否	否
场景4	餐厅1	良	适中	是	是

通过表 2-10 分析之后,"场景 4-餐厅 1"会成为小明日常晚餐的重要选项,餐厅升级后产品性价比提升,菜品环境都提升,价格不变,依旧是这条街最便宜的一家,而小明会对"菜品+环境+价格"带来的综合结果感到满意。表面上是"场景 4-餐厅 1"满足了小明每日晚餐的功能需求,但是场景 1、2 其实均可以满足晚餐的功能需求,如果对比"场景 2-餐厅 2","场景 4-餐厅 1"价格会低一些,这属于价格需求;"场景 4-餐厅 1"与"场景 1-餐厅 1"相比较价格是没有变化的,只是菜品、环境等升级了,这是价值需求。

表 2-11　小明每日晚餐的需求逻辑

分　类	价格需求	功能需求	价值需求
用户视角	价格不贵	菜品好、味道好	环境好、服务好
品牌视角	调整价格	升级菜品	重新装修、提升服务、品牌包装

第二章　用户：超级增长的核心驱动力

在小明每日晚餐的需求中，功能需求是首选，当达成"功能需求+价值需求"时，并未带来用户的"喜欢"，此时再达成"价格需求"，用户的超预期感就被激发出来，用户会感觉到"喜欢""满意"。需要补充的是，不代表"场景3-餐厅3"有问题，只是我们是以用户"小明"的视角来分析，而从品牌角度来说，它可以选择适合的用户群进行精准营销。

当我们了解了用户的三类需求之后，明白产品定位要与用户需求（主需求+次需求）契合，那么，不同阶段的新品牌与用户之间该如何沟通呢？例如品牌口号（Slogan）在品牌初创期、成长期、成熟期，有何不同？

在我给企业做品牌战略咨询时，常会遇到这样的问题，对于品牌成长的不同阶段，针对不同用户需求，品牌口号也不同，我通常用"倒三角模型"进行梳理推导。另外，新品牌大多处于初创期，市场预算、渠道开拓等均不足，怎么在核心用户群扩大影响力，才是新品牌超级增长必须的用户表达策略。

超级增长

```
                    成熟期
                                            · 熬出骄傲（信远斋）
                                                                              · 理想生活,上天猫（天猫）
                                                                              · 不负每一份热爱（京东）
                                                                              · 生活更好（百度）
                                                                              · 你的能量,超乎想象（红牛）
                                                                              · 王老吉,让世界更吉祥（王老吉）
                                                                              · 熬出骄傲（信远斋）
                    成长期
                                            · 困了累了,喝红牛（红牛）
                                            · 百度一下,你就知道（百度）
                                                                              · 乐纯,乐在纯粹（乐纯酸奶）
                    初创期
                          · 多快好省（京东）
                          · 拼着买,才便宜（拼多多）
                                            · 上天猫,就购了（天猫）
                                            · 多快好省（京东）
                                            · 有问题,百度一下（百度）
                                            · 汽车要加油,我要喝红牛（红牛）
                                            · 怕上火,喝王老吉（王老吉）
                                            · 每一口都像在舔盖儿（乐纯酸奶）
                                                                              · 乐纯,乐在纯粹（乐纯酸奶）

                           价格需求             功能需求              价值需求
  用户
  痛点
```

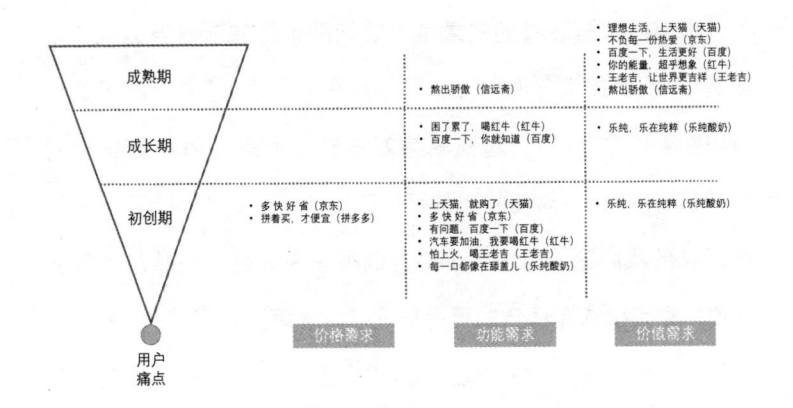

图 2-9　企业不同发展阶段的品牌口号差异

品牌初创期：新品牌初创，重点是单点突破，解决用户某一个痛点，或者是精准锁定某一类用户群。例如红牛刚刚进入中国市场时，要判断哪些用户对功能饮料有需求，而且这类用户只在特定场景中、不需要大量广告投放就可以找到，通过有效的用户表达就可以快速沟通。分析后红牛在加油站、高速公路服务区等长途货车司机聚集的场景里，通过"汽车要加油，我要喝红牛"的品牌口号精准锁定了种子用户群。其他如王老吉"怕上火，喝王老吉"，乐纯酸奶"每一口都像在舔盖儿"，天猫"上天猫，就购了"，都是初创期向用户传递品牌信息（产品亮点、功能等）的典型代表。京东的"多快好省"虽然不是其成立初期的口号，而是从京东商城（360buy.com）升级到京东（JD.com）后的品牌口号，但其特点很符合新品牌初创期阶段："多快好省"四个字，识别度虽不高，但是兼具了价格需求与功能需求。京东通过自建物流、自营等特色服务，有力地落实了品牌口号，现在如果问起用户对京东的记忆点，"快"是大多数人的首要印象。在价格需求方面，拼多多以"拼着买，才便宜"这一品牌口号，贯穿企业初创期、成长期等多个阶段，属于特例，原因在于其所处行业并没有绝对的竞品出现，自身发展速度又很快，导致一个价格需求的表达足够适用较长时间。

品牌成长期：此阶段适合新品牌从一类用户群向更多用户群扩展，例如红牛从司机用户群向白领人群扩展，提出下午犯困、加班工作等场景，用"困了累了，喝红牛"与用户共鸣，同样还是属于功能需求表达策略。

品牌成熟期：此阶段的企业已经从新品牌发展成有一定知名度的品牌，品牌知名度、认知度、美誉度、忠诚度均有建立，同时有大量的用户不断增长、复购。成熟期的品牌需要从生活方式上思考能给予用户的是什么，是更大的愿景，还是让用户的生活变得更好……例如天猫"理想生活，上天猫"、京东"不负每一份热爱"、红牛"你的能量超乎想象"等。2018年，我在为国内知名酸梅汤企业信远斋做品牌战略转型升级咨询时，发现该品牌过去很长一段时间用户口碑很不错，产品"手雷瓶"识别度高，但是品牌缺少关联，且没有输出对用户的表达，于是我提出了"熬"的战略，将产品核心能力，真正精心熬制的酸梅汤与其他品牌进行对比，同时"熬"也能不断关联到用户工作、生活场景，最后提出"熬出骄傲"这个一语双关的品牌口号，兼具了"功能需求与价值需求"，同时也是一句励志口号，告诉大家成功需要不断努力，并通过如5月20日时推出"时间会把陪伴熬出爱的骄傲"微博话题等系列活动，不断与用户建立共鸣。

图 2-10　作者参与的信远斋品牌战略转型升级

以上企业发展阶段与用户需求结合的品牌口号表达策略是一条超级增长的路径方法，有人可能会问，是否可以反过来操

第二章 用户：超级增长的核心驱动力

作呢？例如初创期就用价值需求表达策略。但如果你的新品牌在初创期只有价值需求表达，会让用户感觉比较"空"，用户甚至都不知道你的品牌名、你的产品是什么，有什么差异化特点，此时花大量精力、预算做价值需求表达属于本末倒置。我一般操作大众型新品牌时，会重点向目标用户传递价格需求或者功能需求的品牌口号、信息，价值需求一般会在成长期、成熟期推出。如果说有特例，就是高端型新品牌，初创期会强化价值需求表达，比如定位高端酸奶的乐纯在初创期重点推"每一口都像在舔盖儿"，同时"乐在纯粹"这样的价值需求表达也会辅以出现。定位高端人群的、以瑜伽为灵感的运动服饰品牌lululemon就以"Be all in 活出可能"这样的价值表达贯穿各个阶段。

即使我们了解了用户的价格需求、功能需求、价值需求，以及品牌在用户需求选择时可以进行主次之选，但有些时候我们会发现用户对于产品的需求是有模糊与明确之分的。

想要阶段：模糊需求

有些需求是模糊的，人们不知道自己的痛点需要什么产品、服务来解决，但是会有一个想要的产品方向的描绘。

场景1：有人想要装修，会与设计师沟通，自己想要××风格，大致有一个描绘，一般设计师会通过自己的理解和经验给出设计方案。此时用户想要的风格需求是模糊的，设计师需要根据各种信息做一个解决方案来满足用户。

场景2：有人真实需求是想要变美，但是不知道是该选择去整形还是做美容，或者是通过减肥、瑜伽、美妆产品等方式进行改变。假定你打算推出一个新品牌、新产品，常规思维是直接依据自己的资源、能力起个品牌名，再选择渠道进行销售就可以了，这也是第一章讲到的传统品牌打造的方法，而新品牌的打造方法则建议大家可以从用户模糊需求的解决方案上思考，例如你的品牌可以提供"如何变美的课程"（如某彩妆品牌推出小白化妆课，不同场景使用不同方案，简单易操作），同时还有"变美社群"进行关系联结，而此时"基础产品+增值服务+联结工具"就形成了对用户实现从模糊需求到明确需求变化的解决方案，也就从"想要"变成"就要"了。

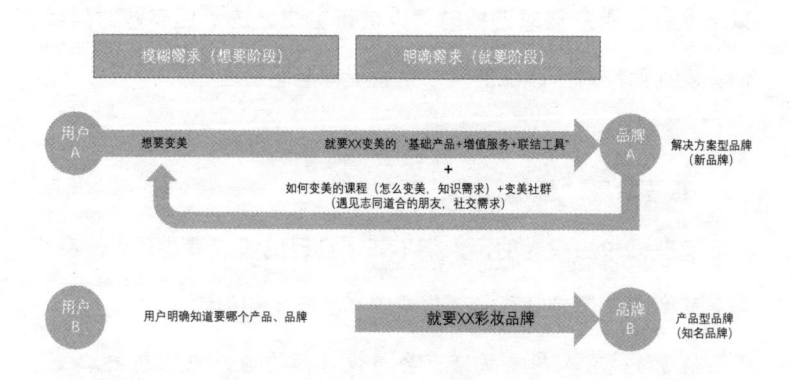

图2-11 模糊需求与明确需求逻辑图

第二章 用户：超级增长的核心驱动力

在这里我需要延展讲一下"基础产品+增值服务+联结工具"，过去品牌只要提供满足用户基本需求的"基础产品"就可以了，而如今越来越多品牌开始提供不同的服务，用户的需求也不断提升，传统时代的产品思维已经不能满足了。但是仅仅做到"产品+服务"还是属于传统时代的产品，"基础产品+增值服务+联结工具"三者不可少，不同的企业做法各异，但缺少"联结工具"就很难成为"有粉丝的品牌"，简单总结就是"产品+服务+工具"的组合形成了解决方案型品牌，而解决方案型品牌是我认为在当下及未来很有竞争力的新品牌模式。

基础产品（硬实力）：是指解决用户痛点的产品，在初创期的新品牌尤其适合在某一个细分市场单点突破，且在产品技术、功能、包装、使用场景、使用方法等方面进行细节打磨。新品牌需要从用户视角考虑产品是否解决了用户痛点，是否是最优解，也就是说如果别人的产品比你研究出来的产品效果更好，那么产品包装得再好也仅仅是"看上去很美"，只有当解决了痛点，才需要思考在其他部分的优化。

"基础产品"是新品牌的产品硬实力，需要看技术、设计、包装等产品核心能力是否过硬。

增值服务（软实力）：除了产品咨询、售后等常规服务，与产品相关配套的服务统称增值服务，例如购买美妆产品后，可以免费学习化妆课程；星巴克咖啡会定期举行咖啡沙龙；三只松鼠诞生时就有别于其他干果品牌，其基础产品是各类干果，而增值服务则是从"主人"称呼的客服开始，到用户拿到产品时的周边（果壳垃圾袋、小工具、纸巾、手套等）。

"增值服务"是新品牌的产品软实力，不仅让用户体验到产品的功能，还能体会到品牌的价值、态度。

表2-12 增值服务说明

常规增值服务	配套增值服务
1.售前咨询（专属问候语等） 2.售中管理（代写贺卡、定制等） 3.售后服务	1.便利：产品周边、衍生品 2.成长：教程课程（线上、线下） 3.评测：如美妆品牌对用户皮肤、运动健康品牌对用户身体状态、教育品牌对用户学习能力免费评测、净水机品牌上门免费测水质…… 4.体验：如上门量衣、美妆店现场护肤体验等

联结工具（黏合剂）：我们所指的"联结工具"不是简单意义上的硬件、软件工具，而是品牌联结用户的工具。为什么在新品牌超级增长中要提"联结工具"？传统品牌与用户之间是单向传达关系，新品牌与用户之间则是双向互动关系，而达成双向互动就需要有联结工具，这个工具也需要具备双向互动能力，而非传统邮件、短信等单向传达工具。新品牌的联结工具具体有微信、微博、抖音等社交媒体，以及微信群、QQ群、豆瓣小组、其他平台兴趣小组等社群、社区、俱乐部，不限线上、线下，例如星巴克用App、微信等联结工具联结线上用户，通过

线下咖啡沙龙联结本地用户；完美日记通过微信群、小程序等联结工具将全国各门店用户联结起来，通过社群营销、私域流量运营完成品牌与用户的双向互动，形成销售转化。小米创立之初就在各大社交平台建立官方账号作为与用户的联结工具，同时建立小米社区并且深度运营，这都是线上联结工具；另外小米在线下每年举办粉丝节活动，产品发布会也会邀请粉丝参加，并且为粉丝提供前排位置、专属的粉丝T恤、礼品等，这属于线下联结工具。如此"良苦用心"抢占用户心智，让小米品牌走上了快车道。

"联结工具"是新品牌与用户、产品的"硬实力"与"软实力"的黏合剂，唯有串联打通，才能牢牢地黏住用户，形成持久的品牌忠诚度。

表2-13　线上与线下联结工具说明

线上联结工具	线下联结工具
1.App 2.微信：公众号、微信群、企业微信、小程序 3.其他社交平台官方账号：抖音、哔哩哔哩、豆瓣、知乎、微博等 4.自建社区（如小米社区） 5.裂变工具：海报、H5等	1.俱乐部（俱乐部组织） 2.沙龙活动（沙龙组织） 3.培训班（班级组织） 4.会议奖项（组委会） 5.用户节日：粉丝节、会员日（组委会）
社群（线上+线下）	

表 2-13 总结了线上、线下各种联结工具，同时也有兼具线上、线下的社群联结工具，线上用微信群、公众号、小组、社区等适合的工具聚集用户，通过线下主题活动定期组织用户参与，深度联结，建立对品牌的认知度、忠诚度。

就要阶段：明确需求

有些需求是清晰的、明确的，人们在做出消费决策之前就已经知道自己要什么，甚至已经有了品牌偏好，类似"我们家的家电都选××品牌的产品……"，因此当该用户有新家电购置需求时，就会首选心中偏好的××品牌。

场景1：你需要安装一个净水机，因为品牌偏好，选择了××品牌。

场景2：我要去冲浪，希望拍摄整个过程，GoPro运动摄像机的功能、性能可以满足，因为有了明确的产品需求，选择了GoPro。

场景3：因为某个彩妆是某某明星代言或者自身功能较强，或者其设计吸引用户（国潮风、IP跨界联名款等），以自身亮点、品牌知名度，或者借势明星、知名IP等方式推动用户产生了明确的用户需求。

企业发展的不同阶段，从解决用户痛点开始，抓主需求，做针对性用户表达，用户视角与品牌视角的结合，让新品牌有了超级增长的可能。可伴随着成长就会出现同质化问题，那么，如何避免品牌、产品趋同？如何在竞争中继续让用户喜欢？

当所有新品牌都开始分析自身优势，如何让用户喜欢自己的产品时，慢慢就会发现，大家的产品越来越趋同。新品牌在成长初期竞争力明显，但发展一段时间后，和各个竞品之间差异逐渐缩小。哈佛商学院教授扬米·穆恩（Youngme Moon）在其著作《哈佛商学院最受欢迎的营销课》一书中就举了类似案例：20年前，美国SUV（运动型多用途汽车）市场中Jeep就是专门在崎岖山路行驶的四轮驱动工具的代名词，在耐用性上Jeep超越其他对手，在可靠性上，人们则认为尼桑或者丰田更高；但如今，这些汽车品牌在耐用性、可靠性上正在趋同。通过这些年的发展，当耐用性、可靠性成为SUV领域的通用标准，其他落后的品牌都已经赶上来了。那么，在这场趋同的竞争中，所有人都这样做，就不再有人能够脱颖而出。

企业在发展过程中，会遇到很多问题，会发现自身很多缺点，我们是着急先改掉缺点、弥补和对手的差距，还是寻找机会增强自身优势，与对手快速拉开距离呢？在商业世界，很多企业无法抗拒"均衡"发展的诱惑，如果从用户需求考虑，你的品牌、产品真的能够做到满足用户全部需求吗？如果真的做到了，你的品牌、产品也就没有差异化了。如果法拉利强调孩子坐在车里很安全，跑车的酷也就随之消失，品牌也就变得平庸了。改变弱点不一定会成功，发挥优势才有机会成功。

针对"如何避免品牌、产品趋同？如何在竞争中继续让用户喜欢？"，我的具体建议是——

第一，增强优势：想要超级增长就要扬长避短。

放大优势能力，弱点部分分阶段补足，或者非关键弱点，可短期"战略放弃"，允许企业的"不完美状态"，而追求优势部分的单点能力不断增强。"长板足够长"的时候，新品牌就可以快速找到用户、率先打动用户。当新品牌发展到一定规模，有了足够品牌知名度，团队、资金足够充足时，很多短板也会随之得到补充。如，超级增长的元气森林，发展初期选择OEM代工模式，将资金、人力重点投入到产品前期研发、市场营销、渠道运营方面，而品牌相对成熟后，才投资建设自有工厂。另外其在渠道方面也在初创期时做到扬长避短，自身团队主要是互联网背景，于是线上渠道扬长，线下渠道避短（避开主流商超与传统饮料竞争，选择便利店）。

第二，强化品牌：想要持续增长就要品牌思维。

目前市场上诞生的新品牌，能够长久发展，且有竞争力的，都是从创立之初就有品牌思维的企业。分众传媒创始人江南春在其著作《抢占心智》中表示：品牌的同质化已经成为无法避免的问题，差异化往往只能保持一时，当跟风模仿者出现时，差异化也就不复存在了。所谓的技术优势和商业模式的差异化

第二章 用户：超级增长的核心驱动力

优势等，并不能形成真正的壁垒，它们只是为你创造了一个时间窗口，让你有充分的时间将优势扩大。只有将差异化优势在那个时间窗口，用饱和攻击的榔头牢牢敲进用户的心智中，让自己的品牌成为新品类或新特性的代言者，才有机会建立起较深的护城河。

厘清"用户是谁？""用户在哪里？""用户为什么喜欢你的品牌？"这三问的过程，能够帮助新品牌正确掌握用户角色、需求，这是新品牌超级增长的前提条件。只有用户问题解决了，才有机会把产品变成超级产品，让产品进化成品牌，真正品牌化之后，才可能避免竞争的趋同！

【思考】你的品牌，用户需求是什么？

| 价格需求 | 功能需求 | 价值需求 |

（内容自填）

新品牌用户超级增长方法论

麦片品类新品牌"王饱饱"：2018年成立，上线20天，王饱饱麦片销售额超过200万元，上线8个月，约有60万付费用户，每月的销售额超400万元，各平台累计粉丝为4000多万。

茶包新品牌"茶里CHALI"：2013年成立，2018年拥有超过100万年轻粉丝，日销茶包超10万包，2020年"双十一"茶里旗舰店销量分别获得天猫茶行业第三、花草茶类目第一的成绩。

盲盒IP新品牌"泡泡玛特POP MART"：2010年成立，截至2020年12月31日，泡泡玛特累计注册会员总数740万人，新增520万人，同比增长236%；其中，会员贡献销售额占比为88.8%，同比增长9.9%。

便携式精品咖啡新品牌"时萃咖啡"：2019年成立，天猫开店四个月后，已拥有超过35万店铺粉丝，并成为天猫超级品类日咖啡四大超级品牌之一，2020年10—11月，天猫国产挂耳咖啡销量第一名；

……

王饱饱、茶里、泡泡玛特、时萃咖啡等新品牌，是如何实现用户超级增长的？在这些新品牌团队中，很多人都深谙互联网产品开发、运营、营销方法，熟悉互联网用户特征，因而采用了"互联网+传统商业"的模式，从团队成员、渠道模式、市场营销等多个维度呈现了新品牌不同的形态。以用户为中心的新品牌，从用户视角出发，完成了从品牌定位到用户定位的迁移，做到了消费场景的用户共创，私域流量、社群运营也成为现阶段众多新品牌超级增长的有效工具与方法。

基于多年操盘和研究新品牌的经验，我总结了新品牌用户超级增长方法论，即：

新品牌用户超级增长=抢心智+创场景+造社群

此方法论每一步均需要用户参与其中，对新品牌的战略、策略以及执行能力都有一定要求。例如，小米手机诞生初期，当时手机行业还是传统手机品牌占据市场主要份额，生产研发模式与市场推广模式都不是"互联网模式"，而小米公司"轻装上阵"，初创期的小米是以"做爆品"的产品战略、"做粉丝"的用户战略、"做自媒体"的内容战略的三个战略推进，同时通过开放参与节点、设计互动方式、扩散口碑事件的三个战术，形成了"参与感三三法则"。具体策略、执行落地方面，小米以"和用户做朋友"作为用户关系指导思想，在微博、微信、小米论坛上与粉丝"交朋友"，让员工成为产品的用户，让员工的朋友也变成用户，要求所有的员工"全员客服"，鼓励与用户做朋友。用户"第一次"感受到一个品牌对自己的好，还有专属的粉丝昵称（米粉）、吉祥物（米兔）、粉丝节日（米粉节）、各种特权（F码）……这种"亲密关系"带来了小米用户的超级增长。

接下来，我们详细来拆解一下新品牌用户超级增长方法论的三个部分：

抢心智：抢占用户心智

记得一次品牌课上，一位创始人同学分享了他公司的苦恼之处：公司之前做OEM代加工业务，产品品质不错，注册了商标，招聘了电商运营，开始做自有品牌，上一年在某电商平台销售额过亿，但最近出现了多个竞品，感觉对方既会做品牌，又会做电商运营，用户一时间都被"抢走"了，销售额下滑严重。

这些年我遇到过不少类似的企业，它们有产品能力，甚至有在电商运营方面也很精通的团队，可以运用自己的经验和优势"赚快钱"，但一时的风生水起往往会掩盖产品、品牌问题，所以当更多竞品出现，在如何保持竞争力方面常常会感觉力不从心。这类型企业，往往问题之一就是品牌定位的缺失，在经营上走了弯路，交了很多"学费"，基本上从一开始就没有想清楚"用户是谁？用户在哪里？用户为什么喜欢你的品牌？"的用户三问，而抢占用户心智（抢心智）实质就是解答"用户为什么喜欢你的品牌？"。

艾·里斯与杰克·特劳特在《定位》一书中就告诉品牌如何做到抢占用户心智，作者在书中反复强调："任何在顾客心智中没有位置的品牌，终将从现实中消失，而品牌的消失则直接意味着品牌背后组织的消失。在顾客心智中针对竞争对手确定最具优势的位置，从而使品牌胜出竞争赢得优先选择，这就是企业需全力以赴抵达的成果，也是企业赖以存在的唯一理由。使公司强大的不是规模，是品牌在心智中的地位。"

为什么新品牌超级增长要先做到"抢占用户心智"？

新品牌进入市场，往往需要一个差异化的卖点与用户共鸣，你创造的产品、你的品牌给用户的记忆点是什么？用户如果能够先记住了你产品的优势，品牌、产品的增长就可以事半功倍！简单讲就是，当用户在某个使用场景时会不会第一个想到你的品牌，比如：吃火锅时我会想到王老吉，健身时我会想到Keep，跑步时我会想到咕咚……

大家都知道海尔这个品牌，一提到这个品牌名，你可能马上就会想到家电，而如果说给你一台海尔电脑、海尔手机，你的感觉如何？假如你要购买一款电脑或者是手机，你会选择海尔品牌的吗？海尔品牌的用户心智早已经被家电这个品类牢牢占据，很难再容下更多信息。那么，一个已经抢占用户心智的成熟品牌，它如何做到品类延展、产品升级呢？可以推出新品牌，比如在电脑品类方面，海尔重新命名了一个品牌"雷神"，用于面向游戏本市场，不仅细分了用户群，同时品牌名也很游戏化，深得用户喜欢，在各大电商平台中，雷神笔记本销量明显高于海尔电脑；而在产品升级方面，海尔同样推出了面向高端市场的"卡萨帝"品牌。

抢占用户心智，就是要在细分品类当中，让自己的品牌与品类产生关联，让用户一想到该品类，就自然而然会联想到品牌，比如可口可乐与可乐、王老吉与凉茶、阿芙与精油等。

在第一章提到HeyJuice、元气森林等品牌在新趋势下发现了新用户需求，HeyJuice创造了每天喝6瓶、连续喝三天的轻断食果蔬汁，元气森林在庞大的碳酸饮料市场中打造了"0糖、0脂、0卡"的苏打气泡水，它们通过新产品开创了新的细分品类，并且与新用户的需求达成了契合，也因此成功地抢占了用户心智。

如何抢占用户心智呢？

新品牌初创期适合单点突破切入某个核心痛点抢占用户心智，且把产品某个能力放大并做到极致，在此阶段建议采用"基础产品（硬实力）+增值服务（软实力）+联结工具（黏合

第二章 用户：超级增长的核心驱动力

剂）"的超级产品思维解决方案模式。什么是超级产品思维呢？A坚果品牌，不仅卖核桃、松子、开心果（基础产品），还提供坚果钳、果皮垃圾袋等（增值服务），同时还组建了一个优惠私域社群（联结工具）；而B坚果品牌，是一个路边摊，只卖包装好的坚果产品（基础产品）。A就是超级产品思维，B就是传统产品思维。

表2-14 用超级产品思维抢占用户心智

品牌	超级产品思维解决方案	用户感知（抢心智）
时萃咖啡	·基础产品（硬实力）："甜甜圈"手冲咖啡包，融入撞色设计、甜甜圈造型，平衡便利性和仪式感，乐萃包冻干咖啡推出对应不同风味的不同颜色的"咖啡书"…… ·增值服务（软实力）：打造内容IP"毛毛萌趣家族"，传递轻悦饮用方式的品牌态度 ·联结工具（黏合剂）：订阅制+私域流量+线下小型自提体验店	高颜值精品即饮咖啡品牌（甜甜圈挂耳咖啡品牌）
完美日记	·基础产品（硬实力）："创意+匠心"打造美观高质量的特色产品，初创期关注产品设计（如：动物眼影盘），生产研发与大牌工厂合作，超级增长的完美日记开始建设自主研发实验室、生产基地 ·增值服务（软实力）：品牌联名款（大英博物馆、中国国家地理等） ·联结工具（黏合剂）：完美日记公众号、"小完子"个人微信、"小完子玩美研究所"微信群、完子心选小程序、意见领袖种草	高颜值极致性价比的国货彩妆品牌（大牌同质+平价）

抢心智的"抢"有两层意思——

第一层意思是指抢先于竞争对手让用户感知、认可、认同，

115

如lululemon抢先发现女性运动服饰、瑜伽服的市场机会（过去都是男款改），同时洞察到"时尚+功能"的组合符合用户需求。

第二层意思是指用新的玩法、能力抢夺传统企业的市场，如同苹果公司抢走了摩托罗拉、诺基亚的市场，小米公司抢走联想、中兴的市场……

"抢心智"看似本质上就是"做定位"，其实不然。有些企业在定位时多以自我为中心，考虑的都是"我是谁""我是行业第一"……这些定位看似用了"数一数二"法则，但却很难形成用户对品牌的深刻印象，直白讲就是不落地。我们要从"做定位"的思维转移到能够落地、主动出击的"抢心智"思维，通过结合定位理论与我分享的"超级产品思维解决方案模型"，帮助新品牌的产品让用户体验到、新品牌的理念让用户感知到、新品牌的价值让用户共鸣到……定位理论中讲到"成为第一，是进入心智的捷径"，新品牌在用户心智中的"第一"，从单点开始！

创场景：场景用户共创

近些年场景成了很多企业在思考商业模式、产品、营销、运营时绕不开的关键因素，做产品的人思考如何用场景化思维

第二章 用户：超级增长的核心驱动力

找到用户需求点；做运营的人思考要从场景出发拉新促活；做营销的人思考如何关联场景带动销售转化；甚至技术人员也要思考如何让技术适应某个特定的场景，创造更大商业价值。

那么，为什么会有场景出现？

一对情侣约会，会选择影院、剧院、公园、游乐场、餐厅、咖啡馆等场所，而对应的场景会出现对应的商品，例如男生会买一束鲜花、剧院会有情侣套票等，当然，约会前两人可能都会选择适合的服装、饰品、美妆等商品。约会便成为一个场景，对应此场景会有不同需求产生，因此也诞生了不同的品牌。

为什么新品牌超级增长要考虑场景？

没有考虑场景的品牌，会变得"平庸"，用户就不会"触景生情"，当用户身处某个场景时，就很难联想到你的品牌。怎么理解这句话呢？例如，目前市场上有很多水品牌，有的讲水源地故事、有的讲适合什么人使用，而"冲奶粉的水"就是符合具体场景、具体人群的角度。如果你完全没考虑场景直接推出了新的水品牌，你用什么吸引用户呢？价格更低？明星带货？单纯依赖低价、流量打造出来的品牌，短期销量可能会增长，但其增长并不持久，去掉这些因素，或者有更低价格的商品竞争时，用户为什么选择你呢？场景的出现可以有效关联用户记忆点，"抢心智"与"创场景"相结合会发生更大的"化学反应"。

从用户视角看,场景有两个维度:消费场景、使用场景。

消费场景

当用户身处某个场景中时,被激发了潜在需求,产生购买转化的消费行为,此场景称为消费场景。消费场景是由时间(消费时机)、人物(目标用户)、地点(消费场所)共同构成的组合体。单一存在的物理空间如果没有合适的消费时机、目标用户出现,也完成不了消费场景的价值。有这样一个真实的案例,一家开在景区附近的日料店,因为位置和醒目的门头店招吸引了周边游客来就餐,而这家日料店定位高端,客单价要几百元,可是来就餐的游客大多只想吃点寿司、吃碗日式拉面,因此一段时间后店家发现客户满意度很低,用户的点评也多是差评。即使不懂营销的人,可能也会马上指出这家餐厅的问题:选址不对。但真的是选址问题吗?日本铁板神社创始人田中寿英在《铁板烧神话》一书中讲述了在位置不好的地段也能成功的经营秘籍,在这里我想阐述的观点是,位置的选择与产品、品牌定位相关,也与企业所处发展阶段的能力、实力相关。简单理解就是:第一,如果定位高端餐厅,未必要选择繁华的商场场景,可以考虑更具私密性、文化特征的地点,可能很偏僻,但餐厅特色与获客机制不同,这类餐厅基本上是预约制;第二,企业初创期资金不足、资源不够,可先思考模式问题,或许可以新创立一个外卖品牌，门店选址就不需要重点考虑线下人流，只考虑外送辐射圈内用户需求即可。谈到这里，我们再回头看看那家日料店是怎么改变的。团队分析之后觉得不是位置问题，是门头店招出了问题，于是决定撤掉，重新制定了导流策略，以线上、社群预约制为主，主要针对高端人群定制日餐，用户不再是被门头吸引进入想要吃一碗日式拉面的景区游客，而是通过预约体验高端定制服务的小众人群。经此改变，日料店变得生意火爆，且好评如潮。

=== 案例 ===

RIO微醺：一个人的小酒，创造新消费场景

RIO锐澳鸡尾酒在2018年推出微醺系列，定位一个人的小酒，其目标是成为"年轻人独处时刻的陪伴者（酒）"。"微醺"本身就是一语双关，将产品名称与酒后感受融为一体。以往大部分酒类品牌定义的饮用场景是聚会、派对等，RIO微醺则舍弃主流消费场景，反其道而行之。很多年轻人在独处时刻也会有想饮酒的需求，那些刚毕业还未婚的年轻人，在一天的日常工作后回到家中，饮一点酒，帮助自己在独处的时候短暂地放松，找到属于自己的"小确幸"。所以RIO微醺把自家产

品定义为"一个人的小酒",并且请了人设相对匹配的女演员周冬雨代言。

从朋友小聚场景的鸡尾酒到一人独饮场景的微醺鸡尾酒,RIO在创场景的同时也是在创造新用户。RIO微醺无疑把握住了"90后"用户心理,并成功为他们营造了"一个人的小酒"的消费场景。这种消费场景成功抢占了用户心智,激发起用户一个人时需要喝点RIO微醺的共鸣。

RIO微醺,与红牛、王老吉、六个核桃等超级单品很像,它们不仅是品类的开创者,还是消费场景的创造者。

使用场景

当品牌方想在用户使用产品时优化提升用户的产品体验,增加用户的复购率与口碑推荐,那么就可以从产品细节上下手,充分考虑用户的使用场景。

例如阿尔山矿泉水曾推出过"手写瓶"标签,这个创意背后是对矿泉水使用场景的洞察,例如在一些集体运动后,放在球场旁边的矿泉水就已经分不清是谁喝过的,如果再打开新的一瓶,之前的水就造成了不必要的浪费。手写标签就很好地做出了标记,既有了专属标识,也避免了浪费

第二章 用户：超级增长的核心驱动力

> **案例**

55度降温杯——"爱与温度"的使用场景

55度杯是一款快速变温水杯，2015年1月诞生，其特点是100摄氏度的开水倒入杯中，摇一摇（约1分钟），可以快速降至人体可饮用的55摄氏度左右的温水。这种强大功能令其在网络走红，成了各大电商的新宠。

55度降温杯发现"摇一摇，沸水变温水"这个使用场景的背后，是一个"很痛"的故事：55度降温杯创始人贾伟的女儿在2岁时意外被开水烫伤……如何让沸水快速变温水的使用场景就出现了。

没有"场景"的新品牌，很难实现超级增长！这些年有很多新创建的品牌，例如O2O（Online To Offline的缩写，即线上到线下）火爆时，出现了很多上门洗车、上门按摩、上门美甲等服务型新品牌公司，上门洗车、上门按摩等服务后来被人称为"伪需求"。我曾经体验过上门洗车服务，充值后到现在应该还有余额没有消费，但是那家公司已经倒闭了。在验证商业模式的路上，互联网技术让很多传统生意实现了部分流程的标准化，但很多模式并没有真正解决消费场景与使用场景问题。因此最终存活下来，且超级增长的O2O品牌，是那些不仅解决了用户的痛点，且能够以用户视角完成"抢心智+创场景"的品牌，例如美团外卖、饿了么、河狸家等，它们都是从一个极小的消费场景切入，然后不断进化。还有些行业已经被"巨头"占领，看似没有机会了，也有人跳出传统思维模式，用新思维构建了新的场景，从而带来新品牌机会。如茶叶行业过去一直是品类大于品牌，一般我们买茶会先想到普洱茶、绿茶、红茶等品类，之后再想到细分的品牌，运用了跨品类思维的小罐茶从茶叶品类跨越到礼品品类，符合"抢心智+创场景"的新品牌超级增长方法。小罐茶成立于2014年，到2018年时零售额已经是20亿元，按照出厂价的回款金额是10亿元。

消费场景的背后是用户视角的定位（用户定位），使用场景的背后是产品视角的定位（产品定位）。有些需求是用户已存在的，只是需要进行场景关联，例如55度降温杯就是让用户迅速关联了相关场景，并产生用户对场景与产品、品牌的联结；而有些需求用户还未激活，则需要品牌方来推动启发，比如娃哈哈曾经创造过一个超级产品——营养快线，2004年上市销售的营养快线就是"抢心智+创场景"的典范。娃哈哈发现了早餐消费场景，当时"代餐"是一个未被激活的需求，营养快线通过"早餐喝一瓶，精神一上午""没吃早餐？就喝营养快线！15种

第二章 用户：超级增长的核心驱动力

营养，一步到位！"等广告语抢占用户心智，是一款很早便主打"代餐"的产品。此处我们讨论品牌初创期如何实现超级增长，营养快线的"抢心智+创场景"是有参考价值的。

案例

王饱饱的消费场景与使用场景

王饱饱专注生产以低糖低卡、健康营养、方便快捷、口味丰富为 体的高颜值产品，为健康焦虑和"懒癌晚期"又想要养生的新消费人群而生，通过产品为用户提供了好吃不胖的解决方案。它重新定义了消费者对麦片的认知和想象，把"好看、好吃、健康、管饱"的美好食物带给了更多的消费者，各大社交平台用户评价其"果干多到爆炸""麦片颜王""麦片界的时髦精"……而这也将王饱饱带进了更多的消费场景，加速了麦片行业的增量成长。

消费场景：

在零食、早餐这些固有场景中，越来越多人开始关注健康、营养的诉求。根据第一财经2020年发布的《年轻人养生消费趋势报告》，以"85后""90后"为代表的核心消费群体在挑选零食时对"健康""营养""养生"等关键词的关注度，在近三年以超11%的速度增长。另外，丁香医生的一个报告令人印象深刻，报告分别做了"90后""80后""70后"群体的自我健康评分，其中"90后"对自我的健康评分是最低的。其实这跟生理现象是相反的，意味着从心理上他们觉得自己是一个亚健康极其严重的群体，一个很大的健康焦虑就诞生了。

零食、早餐是既有消费场景，而代餐是零食与午餐、晚餐结合的新消费场景。这些年已经有不同品类的品牌进入这些场景，例如五谷粉、麦片等，而当这些消费场景与用户需求结合时，王饱饱就形成了"抢心智+创场景"的心生好感、触景生情的关联效果。

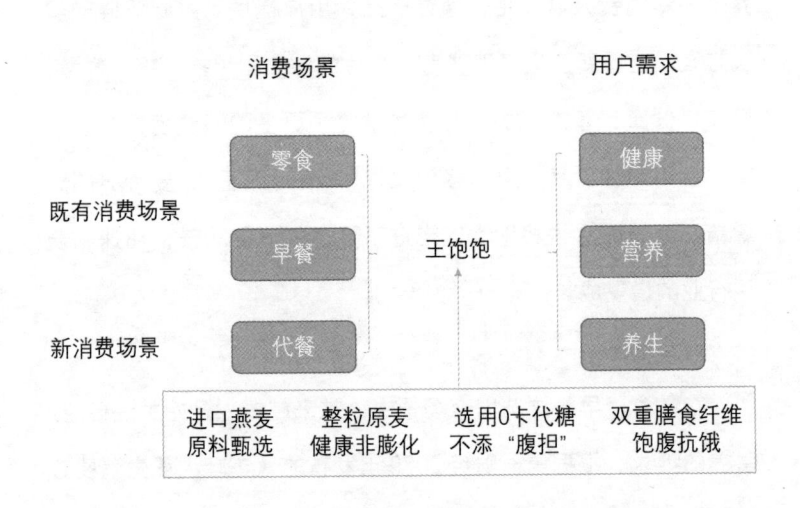

消费场景		用户需求
既有消费场景：零食、早餐	王饱饱	健康、营养
新消费场景：代餐		养生

进口燕麦 原料甄选　整粒原麦 健康非膨化　选用0卡代糖 不添"腹担"　双重膳食纤维 饱腹抗饿

图2-12　王饱饱的消费场景

第二章 用户：超级增长的核心驱动力

使用场景：

零食的开袋即食，早餐和代餐的冷热牛奶搭配食用方法，在使用场景上，王饱饱将产品的吃法与时间结合。

表2-15 王饱饱搭配食用方法

时间	吃法
1秒钟	开袋即食/想吃就吃
5分钟	冷牛奶泡着吃/更"脆韧"
10分钟	热牛奶浸泡/超"软糯"
30分钟	闷泡有营养/易吸收

*信息来自王饱饱天猫旗舰店产品详情页。

表2-16 新品牌"创场景"举例参考

品牌	抢心智	创场景	
		消费场景	使用场景
营养快线	早餐喝一瓶，精神一上午	早餐	没吃早餐+15种营养
55度降温杯	快速沸水变温水避免被开水烫伤	喝开水	摇一摇，60秒快速降温
RIO微醺	一个人的小酒	睡前	晚上+一个人+不同风味
时萃咖啡	高颜值精品即饮咖啡品牌（甜甜圈挂耳咖啡品牌）	定制化订阅（个性化风味+周/月/季/年）+小型自提体验店	高颜值的包装设计（甜甜圈）

125

续表

品牌	抢心智	创场景	
		消费场景	使用场景
王饱饱	放肆吃饱，好麦片，不只是好吃（麦片就是王饱饱）	零食、早餐、代餐	代餐+整粒好原麦，健康非膨化

*仅为作者举例示意，选取品牌的主要场景，并未全部列出。

很多企业开始意识到，当下的时代已经从"卖产品"变成"卖场景"，新品牌与用户共创场景，基于用户需求与消费场景、使用场景之间建立关联。而当产品、用户、场景建立联结之后，打造参与型社群，从"拉新"到"留存"，让"流量池"变成"留量池"。

造社群：打造私域社群

法国社会心理学家古斯塔夫·勒庞在其著作《乌合之众：大众心理研究》中表示，"群体"一词的意思是各种各样的个体聚集到一起，无关他们的民族、职业或性别以及他们聚到一起的缘由。在这个集群中，所有人的情感和思想会选择一个相同的方向。从心理学的角度看，如果没有确定的目标，即使有成千上万的个体聚集到同一个公共场所，他们也不会形成一个群体。如果群体要获得这样的特征，就必须受到某些诱因的影响。

社群也同样具备上述特征，社会学家沃斯利（1987）曾提出社群的广泛含义：地区性的社区，有相互关系的网络，也可以指在特定区域范围中发生作用的一切社会关系。社群是社会学和地理学概念，现在很多人理解的是狭义概念，多指在互联网出现，以个体相近和相似的兴趣爱好作为相关划分条件，实现用户基于网络平台聚合与交流的组织形式，如微信群、QQ群、微博群等。

新品牌超级增长与社群有什么关系？

第一，社群与种子用户。

新品牌初创期，吸引第一批种子用户尤为重要，一般分为自建种子用户社群和借势垂直社群培养种子用户。自建种子用户社群方面可以通过线下活动、自媒体、朋友圈、微博等各类渠道招募首批产品测试用户，吸引用户入群，进行相应的运营管理，如晒图激励、产品答疑、优惠券发放等；借势垂直社群培养种子用户方面，可以参考本章"用户在哪里"部分讲到Keep通过垂直社群获得种子用户的案例，在各类健身社群"潜伏"获得更多好友关系，新品发布时再做用户转化。

第二，社群与产品迭代。

通过核心用户社群进行产品测试、迭代、反馈，加快产品升级速度。小米公司在这方面的经验就很值得参考，用户会在社群（社区）中提出产品测试建议，产品经理、工程师进行产品迭代。

第三，社群与裂变增长。

新品牌在知名度不高、认知度不够的情况下，社群是推动用户增长、业务增长的重要方式，即使后期有知名度后，社群依旧可以通过其强大的人与人之间的关系链形成裂变增长效应。其根本原理是人在社群中的沉浸式体验会形成强烈的共鸣，而共鸣之外加上裂变的机制与激励，会快速推动其邀请更多身边人加入的意愿。全球知名瑜伽运动服饰品牌lululemon，从加拿大到全球扩张，到2013年进入中国市场，社群营销是其超级增长的推动力。

第四，社群与销售转化。

通过"社群+直播+电商"的方式"卖货"，是近些年热门的销售转化方法。通过线下、线上公域流量获客，聚集到品牌个人账号，之后建群（或不建群，直接群发）进行日常维护，通过直播、电商促销等方式达成销售转化。例如完美日记通过本地社群直播进行销售转化（见后文"消费型社群"部分案例详述）。

社群不能简单理解为微信群，没有兴趣主题、不能为用户创造价值，也不能为品牌带来价值的微信群不是社群。而社群也不局限于线上，线下很多俱乐部、商会等也都是不同领域的社群组织。根据组建目的不同且符合新品牌超级增长的社群类型，可以分为六大类：产品型社群、IP型社群、知识型社群、兴趣型社群、消费型社群、综合型社群。

类型一：产品型社群

产品型社群主要目的在于产品内测、反馈、迭代，积累种子用户，培养品牌的忠实用户。可以通过线上微信群、QQ群、企业微信群、飞书群等即时通信工具进行日常运营管理，或者自建品牌社区。

小米产品型社群：荣誉开发小组

小米成立之初，在几乎"0"市场预算情况下，自建小米社区，以"为发烧而生"为口号吸引了大量的发烧友加入，通过与用户交朋友、营造参与感等方式，深度运营用户，成为近些年来社群营销的典范。发烧友不仅高度参与产品的改进与测试，还是小米手机的第一批用户和传播者。多重身份下，这群人成为小米的第一批种子用户。为了激发用户参与感，小米成立了发烧友的"荣誉开发小组"，让他们试用未发布的开发版产品，甚至参与绝密产品的开发。

类型二：IP型社群

以机构或个人IP为核心驱动，聚集喜欢IP用户的社群。

机构类IP社群：IP运营机构所建立的相关社群。

泡泡玛特：社群推动IP

盲盒玩法并不新鲜，麦当劳开心乐园餐里的玩具，日本流行的扭蛋，"70后""80后"童年的小浣熊干脆面……个个都是盲盒玩法，而泡泡玛特则是其中的佼佼者。

在泡泡玛特旗下，有两个重要的粉丝聚集的阵地：葩趣和会员群。葩趣是泡泡玛特开发的一款潮流玩具社交App。泡泡玛特在葩趣上开设了商城，但这款App本身不以营利为目的，他们希望的是搭建一个粉丝分享社区，让潮流玩具玩家可以分享潮流信息，进行潮流玩具二手交易。此外，在该平台上，粉丝们会分享最近流行的IP形象、比较火的潮流玩具的类型和材质等，这些信息有助于泡泡玛特进一步了解市场。泡泡玛特的会员群是其近百家实体门店组织的、聚集当地潮流玩具玩家的粉丝群。这两个粉丝聚集的阵地是泡泡玛特重要的产品宣传阵地，例如泡泡玛特有新品或者限定版产品发售时，会在这两个阵地发消息。[1]

此外，泡泡玛特还致力于搭建完善会员体系及多渠道新媒体触达平台，其微信公众号就拥有240万粉丝，文章阅读量常年10万+；同时，葩趣社区、潮玩展、快闪店等多元线上、线下运

---

[1] 马玥：《泡泡玛特力造潮玩领先品牌》，《中外玩具制造》，2019年第3期。

营打造潮玩用户生态社群，助力品牌高达58%的复购率。

个人IP社群：自媒体刚刚出现时，"自媒体+社群"模式被不断"复制模仿"，因此也出现众多个人IP社群，目前大多个人IP社群并非个人运营，很多都是公司化运营，且成为不同领域超级增长的新品牌。

表2-17　个人IP社群类别

品牌	个人IP	同时符合其他社群类别
吴晓波频道	吴晓波	IP型社群+知识型社群
樊登读书会	樊登	IP型社群+知识型社群
凯叔讲故事	王凯	IP型社群+知识型社群
罗辑思维	罗振宇	IP型社群+知识型社群
彬彬有理	路彬彬	IP型社群+知识型社群
趁早	王潇	IP型社群+兴趣型社群

类型三：知识型社群

以传播知识为核心的社群形态，一般为知识型产品为主，同时不论2C还是2B的商业机构建立社群，均可以运用知识型社群模式，即组建用户社群，通过线上、线下定期分享行业内专业知识、相关知识，进而提升用户对品牌的好感度、忠诚度。知识型社群的特点是内容满足了用户某种需求，通过知识产品协助用户从模糊需求（想要阶段）到明确需求（就要阶段），例如吴晓波频道、樊登读书会、凯叔讲故事等品牌。

表2-18　知识型社群之社群知识方向说明

品牌	社群知识方向
吴晓波频道	商业知识
樊登读书会	阅读分享
凯叔讲故事	育儿知识

类型四：兴趣型社群

基于个人兴趣，如运动、健身、瑜伽、读书、摄影、骑行、咖啡、美食、音乐等组成的社群形态。例如运动服饰品牌lululemon通过本地健身、瑜伽教练等"品牌大使"吸引身边对运动、瑜伽感兴趣的用户加入社群（见后文案例详述）；我参与投资的小木屋图书的会员社群也是典型的兴趣型社群。

小木屋图书："奈飞（Netflix）+开市客（Costco）"的会员订阅式读书兴趣社群

小木屋图书是服务年轻人精神生活的会员订阅式新消费平台，以"书评社区+订阅服务+商品交付"为核心服务内容，为一群喜欢读书的年轻人提供"算法推荐+租售结合+书评笔记+部落社区+极致交付+创意周边+会员社群"服务。2018年产品发布，2019年付费订阅人次增长了29倍。

小木屋图书的会员社群是专注读书的兴趣社群，通过书评社区、微信群等方式聚集热爱读书的年轻人。

表2-19　小木屋图书社群相关工具与用户参与说明

订阅推荐	·订阅自己感兴趣的领域、出版社、作家，第一时间收到新书推荐
工具&书评	·订阅打卡提醒，助力养成阅读习惯 ·通过文字、语音、短视频的方式分享自己的书评和笔记 ·写笔记赚牛油果积分，推广拉新赚奖学金 ·管理私人藏书
圈子部落	·发起和邀请，或加入其他人创建的圈子部落，遇见兴趣相投的人 ·发起和邀请，或加入其他人创建的阅读成长计划，订阅大咖书单，参与圈子讨论

图2-13　小木屋图书会员社群线下活动

图 2-14 小木屋图书小程序页面（首页、活动页、书评社区"书洞"）

类型五：消费型社群

以销售转化为目的的社群组织，也就是近些年讨论比较多的私域流量运营，大多通过公域流量导向私域，再建社群进行转化。比如瑞幸咖啡、麦当劳等线下连锁品牌，通过线下渠道邀请用户扫码入群，在群里，每天按照不同时间，与相关产品结合进行信息推送，比如早上的早餐券、咖啡券，中午的午餐券、下午茶组合优惠，晚上会有潮流商品抢购等。加入社群的多为对品牌熟悉、认可，且成为习惯消费的用户，他们加入社群主要是为了参与抢购、秒杀、领券等活动。除了通过优惠折扣转化用户购买，还要给予用户专属的福利，这是为了增强用户加入社群后的身份感。

霸蛮米粉：不只是老乡回馈的"霸蛮会"

2014年4月，北大毕业的张天一向朋友借了10万元开了一家37平方米的牛肉粉店。到2016年，霸蛮米粉营收近亿元，毛利率70%；2017年全年达到了1.5亿元的营收。截至2019年，霸蛮米粉拥有50多万微信会员，通过小程序连接线下、线上。霸蛮米粉采用"餐馆+零售"模式，自己经营着60家线下餐馆（2019年数据），同时将米粉做成预包装食品，进入盒马鲜生、永辉超级物种、天猫、京东等线下线上渠道。

2016年，创始人张天一在北京各大学创办了60余个"霸蛮社团"，社团主题就是"卖米粉"。目前霸蛮社群中用户年龄在18~35岁，女性占75%。用户加入社群后就会有社交的需求，霸蛮会（霸蛮社群名称）用三种方式进行用户关系维护——

老乡回馈：霸蛮是湖南米粉品牌，湖南人进店凭身份证就可以享受八折优惠，近7000万湖南人都默认是会员，身份证就是会员卡。

折扣优惠：进入社群之后，不论是线下门店还是电商平台，均享有折扣。

福利到位：当社群会员积累到50万时，各种各样的变现机会随之而来，不仅有各大品牌的跨界合作，还能资源置换各种福利，如会员独享的电影票，提升会员的好感度、忠诚度。

霸蛮会是通过线下获客、线上成交的私域流量运营模式的消费型社群，通过不断与用户沟通互动，"霸蛮"在用户眼里不只是一碗米粉，更是年轻人心中的一个符号。

类型六：综合型社群

符合多个类型的社群形态，比如小米社群就算是综合型社群。小米社群早期是针对发烧友人群的兴趣型社群，在MIUI系统升级、手机开发测试时，就出现了"荣誉开发小组"的产品型社群形态；同时小米社区（社群）与销售转化联结度极高，"F码"也成为社群中抢购资格的"通行证"（F码需要通过参与社区活动等获得，有些商品需要F码才有抢购资格），这又是一个消费型社群；当然还有很多发烧友分享知识等。一般社群发展的过程会从某个单类型开始，逐渐发展成为综合型社群，以解决用户的不同联结需求。

完美日记：小完子玩美研究所

社群营销从完美日记创立之初就是其差异化营销方法。在传统"电视+超市"的营销方法面前，完美日记通过公域（线

第二章 用户：超级增长的核心驱动力

上、线下）流量导入私域的方式吸引用户，每位从线上线下产生购买交易的买家收到商品时，都会附带收到一张卡片，用赠送精品小样引导用户添加微信社群，85%的客户选择加入。进入社群的用户会感受到不一样的"天地"，这里的活动远比在商场、电商平台直接购买要丰富得多，不仅有知识分享，还有更大的优惠力度。完美日记为社群打造了"小完子"（与"小丸子"谐音）个人IP，"小完子"不是传统意义上的客服形象，其人设清晰、统一，真人头像可爱、漂亮，个人签名"不知名逗比一枚，不撸妆会死星人"，语言接地气，容易引起用户共鸣。在用户的眼中，"小完子"每天会分享专业的彩妆知识，解决粉丝们的产品疑惑；同时她也有丰富的个人生活，从美食到旅行，和微信好友打成一片。

像运营"小完子"这样的个人号，通过规范的操作流程、内容输出、形象包装，可以批量复制产生几百上千个"小完子"，而其背后需要一个强大的运营团队支撑，对此人设进行打造，从关于美食、旅行等生活方式的素材输出，到关于美妆专业的真人示范。一个"素人KOL"的成功打造，成为完美日记在社群中与用户活跃互动的关键，用户会对这个鲜活的、专业的、亲切的"私人美妆顾问"产生好感、信赖感，同时也就会对完美日记产生信任，并完成消费转化。

"小完子玩美研究所"有很多美妆知识干货分享，对于化妆小白用户来说是刚需,另外还会有新品发布、直播化妆和抽奖等持续不断的活动来吸引用户的注意力。

在第一章我讲到新品牌的关键点是"情",能与用户共鸣共情的新品牌将大有作为,而社群运营就是与用户深度联结、不断产生共情的最好方式之一,一句贴心的问候,一句温暖的祝福都会让人感觉到你在乎他。私域社群运营的最高境界也是与用户共情,让用户知道你真心关心他,完美日记就是"共情"高手,社群中"小完子"每天道晚安的文案、一周年纪念日的感谢信,都是经过精心设计构思,并且感情丰沛,字里行间让用户感到被尊重。

"小完子"也会快速建立"快闪群",一个直播活动结束就解散,此类群主要以销售为目的。另外,在2020年新冠肺炎疫情期间,50家门店的彩妆师变身为主播,用户登录完美日记的微信小程序,就可以看到曾经在门店里为他们提供过专业意见的彩妆师,正在分享各种打造美丽妆容的秘诀,做各种口红的试色,和用户互动回答问题、抽奖等。完美日记通过"50家门店的本地化社群+小程序直播",以"教学+种草+交流"的方式,实现的销售转化率是其他直播平台转化率的2~3倍。

总结完美日记社群特点:

(1)"小完子"个人IP打造;

(2)既是"小完子"个人IP社群,又是美妆知识、兴趣、消费社群；

（3）公域流量导入私域流量；

（4）教学、种草、交流；

（5）福利、秒杀、上新；

（6）与用户共情。

我们再回顾一下六种社群类型：

类型一：产品型社群（小米"荣誉开发小组"）；

类型二：IP型社群（泡泡玛特）；

类型三：知识型社群（吴晓波频道）；

类型四：兴趣型社群（小木屋图书、lululemon）；

类型五：消费型社群（霸蛮米粉、瑞幸咖啡）；

类型六：综合型社群（完美日记、小米）。

不论是哪一种社群类型，一般都需要具备"新品牌社群运营六要素"，即：人、规则、价值、日常运营、内容、裂变。

要素1：人。

人是指社群中具有相同爱好、目的的群体，人的角色也会分为用户与专属客服个人IP（如完美日记的"小完子"）。

要素2：规则。

建立社群就需要有"群规"，也就是需要建立社群的体系、架构、规则，以确保社群顺畅运行。

要素3：价值。

价值是指社群能给用户哪些收获，创造了哪些价值，如获得知识、优先体验、折扣优惠等。

要素4：日常运营。

社群需要有专职团队参与日常运营，日常运营并不是简单重复地发信息、发广告、发链接，需要策划活动，不断挖掘社群成员的故事、观点、需求，进而推出对应的内容。制订相对固定的运营计划会让社群健康、可持续地发展下去，而不是运营几个月后变成了"死群"。

要素5：内容。

内容是社群联结用户的关键，一句问候的文案、一张海报、一篇文章、一条知识类短视频、一次直播等，均是社群内容，新品牌可以通过内容与用户建立情感共鸣，同时也可以让用户参与内容共创、投稿等。

要素6：裂变。

裂变是指通过裂变机制不断扩大社群用户规模。裂变需要设置奖励活动、准备相关素材、应用相关裂变工具，以达到用户在相应圈层的裂变扩大，进而邀请更多人加入社群。

第二章 用户：超级增长的核心驱动力

```
            模糊需求（想要阶段）
            明确需求（就要阶段）
        大产品解决方案：基础产品+增值服务+联结工具
                    ┌─────────┐
                    │ 抢 心智  │
                    └─────────┘
                       ╱    ╲
                   心生好感  群起攻之
                     ╱        ╲
     ┌─────────┐  ╱   用户     ╲  ┌─────────┐
     │ 创 场景 │─   超级增长     ─│ 造 社群 │
     └─────────┘  ╲            ╱  └─────────┘
         消费场景     触景生情      六大类型社群+六大要素
         使用场景
```

图2-15 新品牌用户超级增长方法论

"抢心智+创场景+造社群"构成了新品牌用户超级增长方法论，从"抢心智"让用户对新品牌"心生好感"，到"创场景"时用户可以达到"触景生情"的效果，而"造社群"是建立用户与品牌之间双向互动的组织，不仅可以维系用户感情，同时可以让种子用户参与到产品测试、迭代，还可以不断给到用户福利，甚至可以实现用户的不断裂变增长。三者不是割裂存在，而是融为一体的，并无先后递进关系，比如说在"抢心智"做新品牌定位时就可以"造社群"，与种子用户沟通访谈，不断测试产品（创场景）。另外，在"造社群"部分，我用"群起攻之"来形容，为什么是这个词？"群起攻之"意思是所有人一起攻击、反对，有点激起民愤的感觉。在这里我们可以加上

141

双引号，我想告诉大家的意思是：社群建立起来之后，用心运营逐渐"攻"下你的用户。一要有"攻心策略"，在社群中新品牌与用户变得像朋友一样，"攻心"之前需要充分准备，如内容、话术、日常活动设计等；二要有"进攻节奏"，一定要掌握进攻节奏，而不是上来就直接卖货（销售类快闪群除外），通过不断的线上活动、线下活动，让社群成员建立更深的交往，比如一起从线上到线下见面交流，增进情感。不断获得情感联结、用户的各类收益不断增加时，大家也就不愿意退出社群了，因为在社群中的关系、收获会让离开的成本增加。

下面，我们用一个典型的案例，来梳理一下新品牌用户超级增长方法论。

案例

lululemon 的用户超级增长

lululemon 从时间维度上来讲不算"新品牌"了，1998 年在加拿大温哥华开设了第一家门店，但是其真正进入中国市场是 2013 年，对于开始热衷于瑜伽运动的中国消费者来说，这算是一个有知名度的"新品牌"。

lululemon 其核心产品瑜伽用品系列享誉全球，是近年来全

第二章 用户：超级增长的核心驱动力

球最为火爆的体育用品公司，2019年市值250亿美元，仅次于耐克和阿迪达斯，位列全球第三。该公司提供的服装包括健美裤、短裤、上衣和外套，配件包括袜子、内衣、瑜伽垫、瑜伽教学数字多功能光盘(DVD)等。由于其贴身、舒适、排气而又时尚等服装特点，是北美地区健身人群进行瑜伽健身等的运动服饰首选，尤其受到女性白领的追捧。产品定位高端，其价格普遍比耐克、阿迪同类别产品高出一倍。公司产品定位时尚运动领域，是该领域的开山鼻祖。截至2019上半财年末，全球共拥有460家门店。[1]

lululemon的用户是谁？

24~35岁，未婚未育，教育程度高，年收入8万美元，有自己的公寓，喜欢运动、旅行的女性。[2]她们每天工作结束后回家愿意穿上lululemon的衣服，花上一个半小时去运动。（发起者、购买者、决策者、使用者）

瑜伽老师、健身教练、爱好者等成为品牌大使。（影响者）

---

[1] 周密Merlin：《Lululemon（露露柠檬）如何在小众行业里成为卓越?》，https://mp.weixin.qq.com/s/owbUcPp67GQskFGLc9ZSqA，访问日期：2022年11月11日。

[2] 创始人奇普·威尔逊（Chip Wilson）1998年创立公司时，发现市场上没有专门的女性健身服，都是男士健身服改小改颜色，预判运动服与休闲服结合趋势即将到来，他将这一人群称为"Super Girls"。

lululemon 的用户在哪里？

本地瑜伽、健身运动社群。

用户为什么喜欢 lululemon？

lululemon 洞察出用户需求——"为什么运动时不能穿得漂漂亮亮？"。

从功能需求升级为价值需求，在功能性为主导的运动服装上加入情感、时尚元素，同时还是一个圈子的符号。lululemon 不是表面看到的瑜伽、运动服装品牌，而是"时尚+运动+高端+社交工具"的解决方案品牌，它是新物种。

1980 年，美国学者迈克尔·波特在其出版的《竞争战略》中，提出三种卓有成效的竞争战略：成本领先战略、差别化战略、市场聚焦战略。

市场聚焦战略指主攻某个特殊的顾客群、某产品线的一个细分区段或某一地区市场。lululemon 就是选择爱好瑜伽运动的女性作为目标消费者，致力于为她们提供既时尚又舒适的瑜伽服，其竞争战略属于市场聚焦战略。

初创期的 lululemon 包括一个小型设计室、零售店和瑜伽训练馆，创始人奇普·威尔逊亲自研发产品，用轻薄、服帖的纺

第二章 用户：超级增长的核心驱动力

织材料制作女款瑜伽服，同时广泛征求顾客、瑜伽教练以及专业运动员的意见，之后再根据这些用户（影响者、使用者）的意见在设计上针对不同的体形特点进行改良，设计完成后将产品上架零售店直接进行销售。在这样的过程中，lululemon的顾客可以在体验瑜伽课程的同时直接感受产品和品牌文化，并且直接进行瑜伽服产品购买。潜在用户对产品设计的直接参与，极大地提升了她们对品牌的好感度，在参与设计、体验课程、购买产品的过程中，lululemon成功地培养了第一批忠实用户（种子用户）。

2013年，lululemon在北京三里屯和上海新天地设置了不卖产品的实体展示间，仅用于课程体验。在展示间，每周会有瑜伽课，吸引当地的瑜伽爱好者加入，有时还会组织骑行、跑步、舞蹈等各类运动课程。lululemon 2016年正式在中国开店，与用户之间的情感培养长达三年之久，此前用户都是点击品牌微信公众号中的"社区课程"报名课程，在这三年间，lululemon通过"呼朋唤友"的口碑宣传，建立了新市场用户对品牌强有力的认知度。

lululemon在中国开店前，已经与天猫合作，开了品牌官方旗舰店，加上其主打的社群运营，模式是"线下门店+线上电商+社群"。在北美市场接近饱和的lululemon来到中国之后，互联网思维表现突出，目前线上线下已经没有明显的分界线，线下商场的标准配置已经不是传统定义的销售通路思维，反而是体验与服务成了增长空间。以社群联结线下线上，lululemon的社群运营模式推动品牌超级增长值得很多品牌借鉴学习。

2013年，lululemon也开始"两条腿走路"，进入男装市场，到2014年，其营收里有17.2亿美元来自女装、3.3亿美元来自男装。2017年，公司将定位从初创期"以瑜伽为灵感的运动服饰品牌"升级为"以健康生活方式为灵感的运动服饰品牌"。

表2-20　lululemon定位变化

时间	1998年	2017年
定位	以瑜伽为灵感的运动服饰品牌	以健康生活方式为灵感的运动服饰品牌
需求	功能需求（市场细分）	价值需求（市场扩张）

2017年，lululemon前首席执行官劳伦特·帕德文（Laurent Potdevin）接受《21世纪商业评论》记者采访时表示：

面对Nike、Adidas、Gap等大批竞争者，lululemon坚定选择从创新技术来推动和突出自身的高端定位，使用一流面料，给顾客带来其他品牌没有的价值和体验。例如2017年5月推出的"Enlite Bra"，就是lululemon和数所知名大学以及众多运动员合作后，历时两年研究出来的成果。虽然定价是我们所有内衣产

第二章　用户：超级增长的核心驱动力

品中最昂贵的，但上市两周后成了销售冠军。lululemon不主张花大价钱与知名运动员签署代言合作，但在全球，lululemon拥有2500名品牌大使，其中不乏健身教练、瑜伽老师、冲浪员或社区领袖等。这能帮助我们抢先一步感受消费者真正的需要，了解市场。目前销售手法上，lululemon只采用直营，不会采用批发方式，垂直的销售模式也会带来更多利润。到2020年，公司的收益目标是40亿美金，10亿美金来自国际市场，这其中有一半将来自中国。[①]

2019年lululemom财报显示全年营收为40亿美元，同比增长21%，同店销售额增长9%；净利润为6.46亿美元，增长33%。2020财年的前三个季度，lululemon关键财务数据如下：总销售额为27亿美元，较上年同期的26亿美元增长4%。lululemon首席执行官卡尔文·麦克唐纳（Calvin McDonald）在一次电话会议中特别提到了中国市场的表现，他说："2020年第三季度的国际业务总收入增长了45%，这让我特别高兴。在亚太地区，所有主要市场的业务都很强劲，特别是中国的总销售额增长超过了100%。这是由我们的门店和电子商务渠道共同推动的。在过去的两年里，我们在中国大陆经营的门店数量增加

[①] 王卓琼：《露露柠檬CEO劳伦特·帕德文　贩卖健康运动》，《21世纪商业评论》，2017年第11期。

了两倍,我很高兴我们的品牌在一线和二线城市都能和消费者产生共鸣。"

下面,我们使用新品牌用户超级增长方法论来分析一下lululemon是如何实现用户增长的。

抢心智:抢占用户心智

通过免费的线下课程,舒适的下午茶和放松的瑜伽、拳击、跑步训练,配合适时推出的运动装备,lululemon成功吸引到有一定经济实力并且喜欢健身和享受生活的女性用户群体。lululemon无时无刻不向用户传递着品牌的理念、价值观,例如购物袋上的标语"friends are more important than money(朋友比金钱更有价值)",用户们很容易与品牌产生共鸣,不仅自己使用lululemon的产品,购物袋也成了她们日常的装饰品。用户把赠品,同时又是品牌的宣传品做成装饰品,其核心是用户对品牌的认可、认同,而lululemon通过"基础产品+增值服务+联结工具"抢占用户心智,其高端时尚运动服饰的认知不断强化。

表 2-21　lululemon超级产品思维解决方案抢心智分析

超级产品思维解决方案		用户感知（抢心智）
基础产品（硬实力）	"时尚设计+功能性"运动服饰 产品细节： 1)创新科技+舒适面料：通过面料工艺和设计解决了运动服各种难题（如延展透肉色）、吸汗、易洗，缝合技术让线条露在外，避免皮肤摩擦 2)线条感设计让臀部更翘、腿形更好看 3)瑜伽裤的里层，设计了装钥匙的小口袋，舒适面料+时尚实用的设计	舒适、时尚（好看又实用）
增值服务（软实力）	1)便利：袜子、瑜伽垫、购物袋 2)成长：瑜伽教学光盘、线上课程、线下活动	幸福、高端
联结工具（黏合剂）	1)线上：微信公众号、热汗社区（小程序） 2)线下：门店、线下活动、品牌大使	友情、亲切

创场景：场景用户共创

lululemon在"创场景"方面也有一套方法，通过在本地开设体验展示厅，将KOL建立的社群实体化。具体操作方法是先开设展示厅，然后派出团队（包括当地KOL）在展示厅里进行瑜伽等运动课程的知识分享，这种"展示厅+瑜伽课"的消费场景创造，不仅让用户充分体验了产品，还不断吸引更多的用户加入其中。

造社群：打造参与型社群

  lululemon 的社群叫"热汗社区"，lululemon 提倡"热汗文化"，意在鼓励人们选择更健康的生活方式，获取生活快乐正能量。社群营销是 lululemon 超级增长的关键，每发展到一个城市，lululemon 都会挖掘当地最热门的 20 位瑜伽老师、健身教练成为品牌大使（KOL），给品牌大使免费提供品牌服装，并在门店挂出品牌大使们身穿 lululemon 的海报，品牌大使与当地团队一起通过社交网络、门店活动等进行社群推广，之后邀请感兴趣的体验者到当地开设的体验展示厅参加免费课程。用户也可以通过 lululemon 微信公众号进入社群，她们可以在其中发现不同城市的课程，直接在线预约上课。lululemon 通过线上工具对线下社群进行活动发布、预约管理等，从此形成了线上预约、线下体验、"线下+线上"购物的社群营销模式。

  lululemon 不断通过社区（社群）、励志文案、品牌大使，让用户与一群"志同道合"的朋友练习瑜伽、品下午茶，让品牌与用户的"友情"更加稳固，同时用户会自发影响身边的朋友，带来裂变效应。

  lululemon 产品价格定位在运动品类中已属高端，但在获客

第二章 用户：超级增长的核心驱动力

上相对低成本，在社交媒体上以内容营销为主要策略，少有广告投放，在用户运营、大型活动策划上投入较多。传统品牌的运营策略上，一般会是：打造知名度、建立美誉度、培养忠诚度。而新品牌却不同，往往是反过来操作，就如同lululemon，会先锁定一小部分用户培养忠诚度，通过为关键意见领袖（影响者）提供免费的装备等邀请其成为品牌大使，再通过品牌大使的圈层辐射建立美誉度，最后形成"基础产品"做入口、"增值服务"建认知、"联结工具"增情感的"超级产品思维解决方案模型"。而在新品牌的初创期，"基础产品"需要切入某个细分领域，单点突破，制造超级产品，如lululemon诵讨在女性瑜伽服细分市场制造了超级产品，进而吸引了大量目标用户成为品牌的忠实粉丝。

本章小结

1. 为什么用户是超级增长的核心驱动力?

(1) 用户需求洞察是超级增长驱动力的支点

(2) 用户触达、激发、转化是超级增长驱动力的发力点

(3) 用户运营、裂变是超级增长驱动力的爆点

2. 新品牌超级增长的"用户三问"

(1) 一问:用户是谁?

(2) 二问:用户在哪里?

(3) 三问:用户为什么喜欢你的品牌?

3. 新品牌用户超级增长方法论

(1) 抢心智:抢占用户心智

(2) 创场景:场景用户共创

(3) 造社群:打造私域社群

第三章

传播：超级增长的引爆逻辑

从历史的维度看，传播的演进都是内容与技术的结合，技术解决了传播方式，内容解决了人们喜欢不喜欢。1769年瓦特改良蒸汽机，1814年蒸汽驱动型滚筒印刷机印刷了《泰晤士报》，由此开辟了机械印刷时代，报纸、杂志、图书传播时代逐渐繁荣。后来内容与电结合，出现了广播时代，影像和电结合，出现了电视时代，内容与通信技术结合，出现了互联网时代、移动互联网时代，而当下人们喜爱的短视频、直播等传播方式，也正是内容与技术结合的时代产物。

在传统媒体时代的传播，媒介形式与传播渠道相对单一，报纸、杂志、广播、电视等媒体属于专业人士生产内容为核心的传播时代，由互联网、移动互联网推动的门户网站、新闻客户端、社交网络，则属于全民参与内容创作的新传播时代。另外，读者、观众（用户）也从被动接收者变为主动参与者。

在没有社交网络的时代，人们接受外界信息的渠道就只有报纸、广播、电视，单一的传播渠道也造就了那个时代快速打造知名品牌的"电视+超市"模式，而"明星+央视+重复"的广告策略投放"三板斧"在那个时代也屡试不爽；然而这个快速打造新品牌的引爆方法在互联网、移动互联网时代就不灵了。不同人群的内容获取渠道发生了本质的变化，当年轻人打开电视机的次数越来越少、当城市街头的报刊亭越来越少、当人们每天上网时长达4小时[①]、当短视频拜年成为新年俗[②]、当人们开始看着网红直播买买买……从单向传播变成了双向互动，传播的变化也带来了品牌引爆逻辑的变化。

第一章中讲到"新传播"，在"新+传+播=双向互动的内容营销"的等式中也诠释了当下传播时代与传统时代的不同，而在此章节中，我们重点讨论的是：

➢ 为什么数字时代的传播可以引爆新品牌？

➢ 传播的变化下，如何推动新品牌超级增长？

➢ 新品牌传播超级增长方法论。

[①] 中国互联网络信息中心(CNNIC)2020年9月发布的第46次《中国互联网络发展状况统计报告》显示，网民每周上网时长28小时。

[②] 短视频云拜年：2021年2月17日，抖音发布《2021抖音春节数据报告》，短视频拜年成新年俗。报告显示，抖音用户拍摄了1.3亿个短视频给全国网友云拜年，同比增长11倍。

第三章　传播：超级增长的引爆逻辑

为什么数字时代的传播可以引爆新品牌

我曾参与创立了一家儿童零食品牌。创立初期，该品牌通过在一些妈妈社区（社群）中发布文章吸引了妈妈用户群关注，她们开始了解这个新品牌，从创始人创业的初心到产品研发、生产的历程，以故事的叙事方式，用图文呈现在用户面前，社区同时也上线了预售活动。

数字时代传播与传统时代传播的明显差异在于内容生产者的变化，像刚刚举例的现象，在二十世纪八九十年代是很难实现的，因为过去企业创造一个品牌，在传播品牌信息时，需要先召集媒体开个新闻发布会，而且来的都是报纸、电视、广播媒体记者。记得我刚刚入行做记者时还处于这个阶段，企业发布新的产品、商业计划、活动信息等，媒体记者采访、撰写专业稿件、发布，品牌打造也就如同生产线一般流程化推动。数字时代传播的明显变化是人人都是内容生产者，企业自身也是。很多新品牌创立时，创始人自己写文章、做直播、拍短视频，自己成为网红、大Ｖ……很多品牌也是因为创始人的励志故事刷屏而火爆。

总体来看，数字时代传播的变化取决于技术与用户的变化，即技术推动内容变化、用户推动传播变化。

第一，技术推动内容变化。

这并非是一本讲趋势的书，所以在这里仅简单阐述一下关于技术推动内容变化的观点。从大的趋势浪潮看，互联网的出现让更多的内容形态诞生，人们可以在互联网上写文章，论坛贴吧里发表个人评论，一大批文学青年成了网络作家，安妮宝贝、慕容雪村等成为网络内容生产者，到现在网络文学产业依旧繁荣，各种网文也改编成游戏、电影、电视剧等。近些年火爆的短视频、直播等成为当下的内容主流形态，这些内容都需要底层的技术支撑，通信技术、网络编程技术、检索技术、视频编辑技术等不断成熟、迭代推动了内容形态的变化，以及内容产业的繁荣。

技术不仅仅让内容形态变得丰富，同时让内容展现形式也精彩纷呈，比如看图文直接扫码、随手拍即刻创作内容等。当人工智能、物联网不断应用到我们的日常生活中，比如科技公司们争相推出的智能眼镜，将虚拟世界与真实世界融合，万物皆内容，即刻在眼前！

第二，用户推动传播变化。

记得有一位网友曾经发了条微博就火了，当她想要购买豆浆机又不知道选择哪个品牌更好时，果断地发了条微博在线求助,并且@苏泊尔、九阳、美的三个品牌。之后就引发了百余家品牌官方微博的互动,比如海尔回复"选我,其他都是尘土"……

在社交网络中用户与品牌之间是双向互动关系,过去传统媒体时代被动接收信息的用户在微博上可以主动@品牌主发问,而各大品牌们很容易精准地找到目标用户进行互动(通过关键词搜索、精准广告投放等)。

为什么数字时代的传播可以引爆新品牌?

数字时代的传播变成了"双向互动",也就带来了新品牌超级增长的机会,比如可以快速抢占用户心智,建立品牌认知度;再比如,可以通过精准引爆、海量扩散的传播方式,快速提升品牌知名度;抑或是通过极致的产品、服务赢得口碑传播,让新品牌美誉度上涨;再者,通过建立品牌与用户的亲密关系,数字营销传播背景下"以情动人"更快更有效地建立了忠诚度……总之,数字时代的传播引爆新品牌,效率效果均大大提升。

详细解释其原因,可归纳如下——

其一,传播与渠道交易打通。

目前,抖音、快手、小红书等均可在短视频、直播内容传播时添加购物链接,将过去单一的电商销售渠道,变为在内容传播的当下让人们边看边买,大大缩短了用户的消费决策转化链路,看到内容的同时可进行交易。比如抖音有一个账号"江田古稻"，主打产品是东北大米，其短视频内容以家庭为场景，以婆婆、儿子、儿媳妇之间的日常生活为素材，以"婆婆花式宠儿媳妇"为核心主题，开通抖音后，10个月时间涨粉104万。通过一个个幽默短视频的内容展示、直播、评论等双向互动，用内容打动粉丝，在抖音电商完成交易，最终形成传播即销售的效果。

人们购买江田古稻大米的决策路径与其他品牌大米是有区别的，原因在于用户是先被内容打动，才产生行动。而内容不仅仅是其品牌的差异化因素，同样也让用户选择大米这个产品从功能需求上升到价值需求。

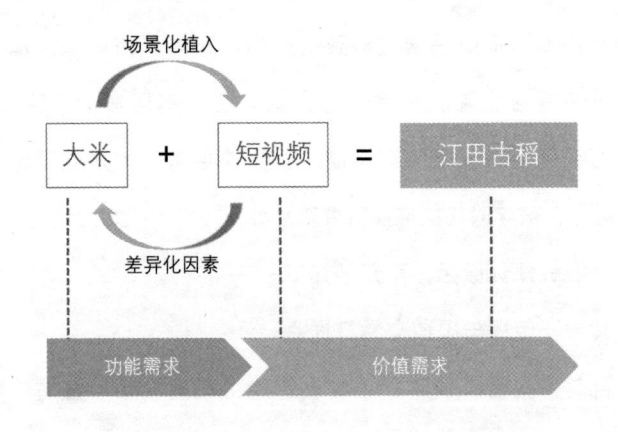

图 3-1　用户选择江田古稻大米的产品需求分析

其二，传播与用户精准锁定。

传播与用户精准锁定不难理解，恰好是某类用户感兴趣的内容，甚至是能够激发用户欲望的内容，对用户的转化提升作用就是显而易见的。通过传播链路的触达、转化，新品牌也随之被引爆。而数字时代下，基于人群属性标签、行为洞察等分析，更容易找到潜在用户。传统媒体时代如果要找到某类用户，可以在垂直媒体、专业社区、行业组织里发布相关信息，而数字时代通过大数据能力、算法技术、创新玩法等能够更容易实现用户精准锁定，比如短视频平台的兴趣推荐机制、私域流量的创新玩法。

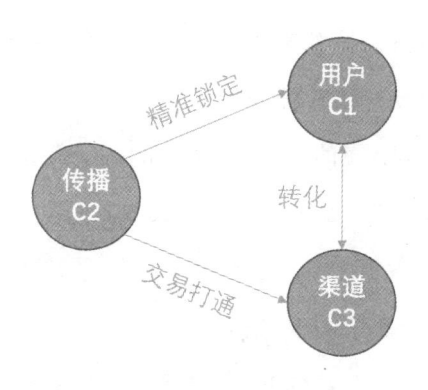

图3-2 传播与用户、渠道关系图

那么，传播具体引爆了新品牌哪些部分的超级增长呢？我们可以从新品牌"知名度、认知度、美誉度、忠诚度"的角度看传播带来的影响。

知名度：吸引注意力

品牌知名度是指品牌为消费者所知晓的程度，知名度反映的是品牌的影响范围和影响广度。通过事件营销、话题引爆来制造声量，进而提升新品牌的知名度，此类传播方法在社交媒体流行的时代已然成为各类新品牌吸引注意力的"良方"。不过，在传播内容创意、载体等方面各有不同，比如有些品牌一篇文章可以刷屏出圈，还有些品牌通过短视频获得关注，再有品牌通过一篇文章引爆再通过线下活动制造话题。让更多人知道新品牌，往往是品牌成立初期的重要工作，当知名度打开之后，用户（流量）也随之而来。

比如前些年火爆的"4小时后逃离北上广"事件营销，让新世相与航班管家两个品牌知名度大涨。

认知度：抢占用户心智

第二章"用户"部分重点讲述了"抢占用户心智"，如何挖掘用户需求、如何找到产品的差异化卖点，而抢占用户心智就是让用户快速建立对新品牌清晰的认知，让人们知道这个品牌有什么不一样之处。在传统时代，品牌通过差异化的定位、输

第三章 传播：超级增长的引爆逻辑

出令人印象深刻的超级文案，通过广告方式单向传播就可以引起人们的关注。比如 2001 年第一代 iPod 刚刚推出时，比传统 MP3 音乐播放器的存储空间更大，因此广告语"把 1000 首歌装进口袋（1000 Songs in your pocket）"在传播时迅速抢占用户心智，让人们清晰知道 iPod 的不同之处，快速建立了对该产品的认知度。

在数字时代，像苹果公司这样的顶尖企业也很难通过一支广告打动人心，但通过互动体验、创意营销，让用户参与其中，甚至将传统平面广告，加入视觉、触觉等体验，让人们参与其中的双向互动，可以更加直观地感受品牌的差异。比如前文讲到的小米 Max 手机案例，不仅通过一场直播让人们感知到手机电池续航能力强，另外在新品发布会上，还展示了各类极易耗电的场景进行对比评测，比如拍视频、看视频，以及导航场景，尤其当人们看到小米工程师们驾车从北京到包头，用多个手机开着导航进行评测，而该款手机最终胜出时，用户心智已经被抢占，认知度也自然就有了。再比如汤姆斯布鞋（TOMS），这家公司有一个非常简单的理念，称为"一对一"（One for One），是指每卖出一双鞋，这家公司就会给有需要的孩子捐赠一双鞋。

《从"为什么"开始》作者西蒙·斯涅克说，做生意的目的不是把产品卖给那些需要你产品的人，而是要卖给那些和你有相同观点的人。

也就是说,用户对品牌的认知很重要,当他们在购买产品和服务时,他们的感受是什么?如何让品牌走进用户心里,同时形成差异化认知?另外,品牌的非凡意义只对特定人群有效,而非所有人。

美誉度:好口碑的力量

美誉度是指一个品牌获得公众、社会以及行业好感、接纳、信任和欢迎的程度,是评价该品牌声誉好坏的重要指标,是在消费者心目中的影响程度,直接能够影响到消费者决策。

新品牌打造阶段,从产品内测到新品上市,口碑的互动与传播对新品牌超级增长都有极大的助力作用。

比如乐纯酸奶在推广品牌、产品过程中,发现一个女生的闺密说乐纯酸奶好吃,比5个明星说都要有用,因为当下时代,很多人都可能看过某个明星的N条广告,但是未必付出行动去购买商品,可是如果自己的闺密说某个东西不错,行动的意愿会很强,甚至立马打开手机就下单了。这就是"种草"的感染力,所以就出现了一批参与其中的"用户"在小红书这类平台上写一些使用某款美妆产品、享用某道美食、穿搭某某品牌服饰的笔记,也就形成了很多人消费前要去看看这些种草文,这

第三章 传播：超级增长的引爆逻辑

时那些分享的人就成了关键意见领袖，被"安利"[①]的人们选好商品加入了购物车……

再比如近些年超级增长的美妆新品牌花西子，同样也通过关键意见领袖线上推荐种草的方式推动其产品的销售转化。

忠诚度：情感联结关系

品牌忠诚度是指消费者在购买决策中，多次表现出来对某个品牌有偏向性的（而非随意的）行为反应。它是一种行为过程，也是一种心理（决策和评估）过程。对某个品牌产生忠诚度的消费者，一般会因为消费习惯、情感认同形成消费忠诚，在品牌与用户的关系中，忠诚度建立则拉近了两者的距离，而忠诚度也可以表现为用户与品牌的亲密关系。一个用户对某个品牌忠诚度高，证明对品牌传递的信息、产品认可度高，对品牌产生了信任与信赖，甚至从认同品牌到拥护品牌，从而变成该品牌的"推广员"。

作为新品牌，不要先要求用户对自己品牌忠诚，而更应该思考的是品牌如何对用户忠诚。如果品牌在营销过程中不断变化用户群，且对用户也是"忽冷忽热、若即若离"，何谈忠诚度呢？

---

① 安利：在网络用语中有诚意推荐、真诚分享的意思。朋友圈经常出现给你安利一下的广告，安利一下也就是推荐一下的意思。

要想建立品牌与用户的忠诚度关系，情感认同尤为重要。在本书中，我不断强调"情"是新品牌进化的关键点，甚至可以贯穿产品、用户、传播、渠道，在建立品牌忠诚度方面，"以情动人"为核心的双向互动营销也是关键因素。越来越多的品牌从用户情感需求出发，以情感共鸣的内容表达建立与用户的心灵沟通，情感就成了用户与品牌之间的桥梁，在这个"桥梁"上，用户会"情不自禁"地选择通向该品牌之路，而销售转化就在"情理之中"，品牌忠诚度自然而然建立、提升。在以情感联结关系打造提升忠诚度方面，小米、江小白、三只松鼠等品牌都是典型代表。

"以情动人、情不自禁、情理之中"揭示了品牌忠诚度建立过程中品牌与用户之"情"的变化，这条路径已然成为新品牌快速建立壁垒的有效方式。

总而言之，数字时代的传播更容易引爆新品牌，不论是技术推动内容变化，还是用户推动传播变化，传播带来的联结效率更高是根本。与渠道交易打通、与用户精准锁定，当下的传播方式、方法、工具、平台，成为大量新品牌孕育、成长的沃土。

第三章 传播：超级增长的引爆逻辑

传播的变化下，如何推动新品牌超级增长

回答这一问题，我的思考有两个维度：路径与整合。

第一，选对传播增长路径推动新品牌超级增长。

上一节提到传播可以带来新品牌"知名度、认知度、美誉度、忠诚度"的超级增长，但是作为一个新品牌，传播增长路径该如何选择呢？

传统时代的营销，一般先从知名度切入，期待品牌一炮而红，再慢慢建立用户对品牌、产品的好感，而在互联网、移动互联网时代，很多超级增长的品牌则选择了以美誉度、认知度切入。

我们以小米品牌为例，其品牌的成长路径可以归纳为"美誉度－认知度－忠诚度－知名度"。为何是这个路径呢？

小米创立初期以"为发烧而生"为口号，切中数码发烧友极客人群，在核心用户圈层以极致性价比的产品获取用户口碑。"价格厚道，感动人心"的小米手机一经亮相就俘获了米粉们的心，在小米公司"专注、极致、口碑、快"的指导下，小米产品美誉度大涨。粉丝文化、用户参与感，让小米有了与其他品

牌不一样的风格、调性，认知度也不断被强化。

通过小米社区、小米粉丝活动，吸引用户参与到小米产品、品牌中来，在亲密互动中建立用户忠诚度，通过刺激和引导发烧友分享其对产品使用的感受，形成口碑传播，从而影响其身边朋友参与互动、分享、消费，最终赢得了众多粉丝。通过多元性传播，小米的品牌美誉度自然慢慢形成并传播开来（小米是先打造产品美誉度，不断通过建立忠诚度，逐渐塑造品牌美誉度）。

而知名度打造方面，我们会看到成立于2010年的小米，在2013年登上央视春节晚会、2016年开始选择明星代言人……打造品牌知名度，要与企业发展阶段、战略规划相结合，在核心用户中已经收获美誉度后，产品升级、渠道扩张就需要提升品牌知名度，选择覆盖面更广的媒体、明星合作，这个是相对稳健有效的策略方案。

以小米为例的路径并非是标准答案，可能有人会说，我就要先打造知名度，花重金投海量广告或者引爆一个全民刷屏的事件等，然而每种新品牌成长路径都是有前置条件的，如果准备不足，结果很可能事倍功半，甚至还会给企业带来灾难，因为知名度高、美誉度差、忠诚度低、认知度低的品牌是极其危险的。

第三章 传播：超级增长的引爆逻辑

表 3-1 新品牌成长路径分析表

分类	新品牌成长路径	背景与前置条件	风险
方案一	美誉度→认知度→忠诚度→知名度	·产品有足够竞争力 ·善于用户运营 ·没有充足市场预算	竞品风险，品牌知名度不够，很难做渠道扩张，增长困难
方案二	知名度→认知度→忠诚度→美誉度	·有充足的市场预算 ·有策划能力与资源 ·渠道覆盖广 ·用户运营强 ·产品有足够竞争力	产品力、渠道力不足，知名度越大负面风险越大

如表 3-1 所示，"方案二"反而对企业的综合能力、综合实力有更高的要求，然而大多数初创的新品牌，都不具备这样的能力与实力，但是在部分能力方面却可以找到差异之处，甚至有超出竞品的优势，所以前面我说现在越来越多新品牌选择以美誉度为切入，就是这个原因。

第二，善用整合营销传播策略推动新品牌超级增长。

当新品牌明确了增长路径，其针对具体阶段的传播策略就需要花点功夫思考，传统时代媒介相对单一，传播相较简单，而数字时代媒介被打散，要想实现增长，已经不是靠猛砸广告就有效了。我一直强调当下的传播特点是双向互动的内容营销，在社交网络中品牌与用户融合互通。传统时代营销传播利用大众媒体和促销等线下活动进行，购物消费在实体店面进行；而数字时代，从传播到消费转化的完成实现了一体化，传播在数字平台进行，可以通过数字技术直接观察分析消费转化的效果。

数字时代营销传播有四大特点：更精准的目标用户群、更有效的内容创意、更高效的转化率、更低的营销成本。

如何运用数字营销传播进行品牌推广，已经成为众多企业转型升级的当务之急，也是新品牌超级增长的必然选择！

在数字时代，消费者可以通过不同的方式搜集商品信息、品牌信息，比如企业的官方宣传内容、关键意见领袖的推荐、媒体的评测、用户真实的口碑等，用户购买商品并非是一个交易的结束，而是另一个交易的开始，口碑在此时由上一个用户分享，下一个用户会获取口碑信息进而帮助其决策，如此循环，在社交网络中形成了一股推动品牌超级增长的力量。这也是为什么营销模式的变革会从1898年E.S.刘易斯提出的AIDMA模式[1]进化为2005年日本电通公司提出的AISAS模式[2]。

---

[1] AIDMA模式的含义为：A(Attention)引起注意、I(Interest)产生兴趣、D(Desire)培养欲望、M(Memory)形成记忆、A(Action)促成行动。

[2] AISAS模式是由日本电通公司针对互联网与无线应用时代消费者生活形态的变化，而提出的一种全新的消费者行为分析模型。目前营销方式正从传统的AIDMA模式逐渐向含有网络特质的AISAS（Attention注意、Interest兴趣、Search搜索、Action行动、Share分享）模式转变。

第三章 传播：超级增长的引爆逻辑

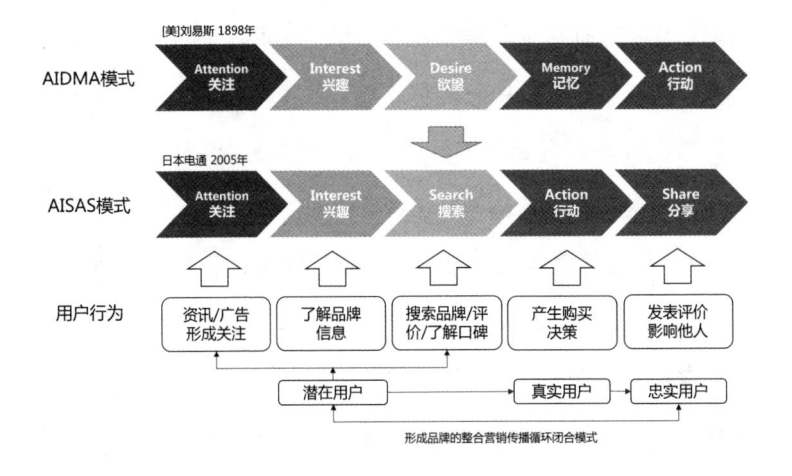

图 3-3 用户决策模式与整合营销传播

从"潜在用户"到"真实用户""忠实用户"的用户行为变化中，需要我们思考的就是品牌该如何在不同用户决策阶段做传播，比如潜在用户想要买一辆车，在还没有明确品牌倾向时，会关注各类汽车资讯、广告，之后被某个信息影响，开始了解这个品牌的相关信息，用户下一个动作是搜索，而此时品牌在搜索引擎中出现的信息也会成为潜在用户决策的参考依据……如此类推，形成转化购买、分享。数字时代的传播，在数字技术的作用下，会更精准地锁定潜在用户群，同时对用户的特点进行区分，比如理性与感性之分，那么针对不同特点的用户，在社交网络上可以通过数字营销技术能力实现内容的差异化触达。

在传播中，一般我们会分几个阶段，通过将广告、公关、活动、促销、社交互动等整合在一起，制定统一的主题与传播节奏，形成不同阶段用户的有效触达与转化，而这一观点的理论背景出自1992年出版的《整合营销传播》，作者是美国西北大学教授唐·舒尔茨及其合作者斯坦利·田纳本、罗伯特·劳特朋）。整合营销传播一方面把广告、促销、公关、直销、CI（Corporate Identity缩写，企业形象识别）、包装、新闻媒体等所有传播活动都涵盖到营销活动的范围之内；另一方面则使企业能够将统一的传播资讯传达给消费者。我们这本书所讲的传播的基础思维也来源于整合营销传播，此思维在企业营销战略、营销执行方面均有指导意义，尤其在大型企业或分支机构较多情况下，整合营销传播的战略与执行对品牌的塑造更有益。

可能有读者会想，我们这本书不是着重在讲新品牌吗？新品牌能用整合营销传播吗？当然可以，一场新品上市活动、一次事件营销同样可以通过整合营销传播思维制订计划。假如我们要为某个新品牌策划新品上市活动，希望在社交网络中引爆，通过社交化的事件、口碑营销能够有效模拟舆论的形成规律，以此策划设计传播链路和节奏，在多种媒体平台上实现信息流交互和热点转换，满足各种类型的传播需要。

举例说明：

阶段A——第一信息主题期。

通过社交平台进行第一轮信息主题的传播，比如选择微信、微博、抖音等以图文、短视频方式发起话题；此时可以同步在知识平台发起讨论，如知乎、百度知道等，形成讨论环境，资讯平台较慢介入。

阶段B——第一信息主题的升华期。

知识类、种草类内容成为主体，形成对第一主题的升华与延续；在微信、微博、抖音、B站等社交平台上依然推波助澜，而在资讯平台主流声音渐起，视频传播形成重要推动力量。

阶段C——第二信息主题期。

资讯平台的主流声音形成高潮，社交传播跟进形成第二高潮；视频传播量居高不下，形成强力支撑，此时直播进入高潮，在形成话题声量作用下，进行带货转化。

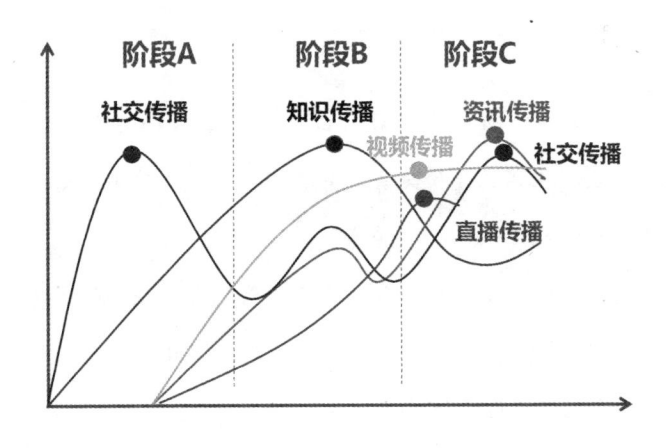

图3-4 整合营销传播链路协同下的传播波次示意

以上针对三个传播阶段的建议，仅为模拟示意，并非标准链路规范，此示意的作用是希望大家了解在一场营销活动中各种传播方式、传播媒介，是如何整合作用最终形成品牌信息的传播触达、营销转化的。在传播链路丰富的当下，传播各阶段的整合效应愈加重要了。简而言之，数字时代的传播环境与整合营销传播方式相契合，从而推动新品牌超级增长。

在传播环境不断变化的当下，选对传播增长路径、善用整合营销传播策略是推动新品牌超级增长的核心关键，二者不仅是思维、策略，更是实现超级增长的基础。

新品牌传播超级增长方法论

褚橙进京：2012年，褚橙进京的文章24小时内被转发了7000多次，王石的评价又诱发4000多次转发，11月5日褚橙一发售，前5分钟被抢购了800多箱。

地铁乐评文案：2017年网易云音乐把自家App点赞数最高的5000条优质乐评印满了杭州地铁1号线，句句戳心文案引发大量网友的情感碰撞和共鸣。

西少爷：一篇刷屏文章引爆的肉夹馍餐饮新品牌。

第三章 传播：超级增长的引爆逻辑

秋天的第一杯奶茶：2020年9月，在微博上超过24亿阅读，101万讨论的话题，火爆全网，幕后策划者就是自带热搜体质的——奈雪的茶，为推广923奶茶节，而通过#秋天的第一杯奶茶#话题引爆，在爆单的同时，不少年轻人神助攻地把奈雪的茶送上了热搜。

通过话题、事件、活动等各类传播方式能让人们快速知道、记住某个新品牌，这种方式在数字时代，人人都是创作者、分享者的传播生态中尤其重要，加之短视频、直播等盛行，新品牌传播增长的机会点就出现了，当然在这个阶段的新品牌们需要掌握基本的传播技能与方法论。

新品牌超级增长不能简单归功于一次传播引爆带来的影响，这样不仅片面，也是对企业发展、品牌营销的认知偏差，可是为何我们还在强调"传播"这件事儿呢？本章第一节就重点解释了这一问题，从传播的角度看，可以带来新品牌的"认知度、知名度、美誉度、忠诚度"超级增长，新品牌从0到1的成长过程中，不同事件的发布、引爆，产品上市、内测、预售、口碑等，传播在其中的作用不再是简单的"传声筒""扩音器"，这些年在品牌营销传播实践中，我的体会是它更像是品牌与用户之间关系的"转换器"。

传声筒式传播：一对一，依次传递，信息在每次传递时都有衰减。

扩音器式传播：一对多，一个信息向所有人广播，不够精准，也不知道是否有效传递，当然接收者也不一定对信息感兴趣，或者不一定能够理解信息。

转换器式传播：是指将品牌信息、产品信息转换、解码为用户能够看得懂、听得懂，能够喜爱，愿意再次传播分享的内容。"转换器式传播"的内容生产部分可在品牌端完成，也可以通过用户端参与共创，转换器同时也是联结器。

褚橙、西少爷、奈雪的茶等不同时期从0开始的新品牌，传播的引爆都带来巨大关注、流量，同时也成就了一大批当下依旧在高速成长的品牌，它们都在各自领域不断发展，让品牌快速抢占年轻用户心智。在传统品牌转型升级、品牌年轻化的推动作用方面，能够创造年轻人认可、喜爱的内容的"转换器式传播"显得尤为重要。可能有人会说，有些公司成功转型，还有组织变革、产品创新、供应链数字化改造等举措的功劳；当然战略方向、策略实施都非常重要，如果不做这些工作也很难打动用户，然而在商业世界，有太多企业的产品在功能上的体验感觉不错，可缺少与用户沟通，更不知道品牌传播该如何做、怎么让用户喜欢上自己。传播思维与方式的转变，恰恰可以让更多品牌找到与用户对话的正确姿势，当然也同样能找回品牌的自信。

第三章　传播：超级增长的引爆逻辑

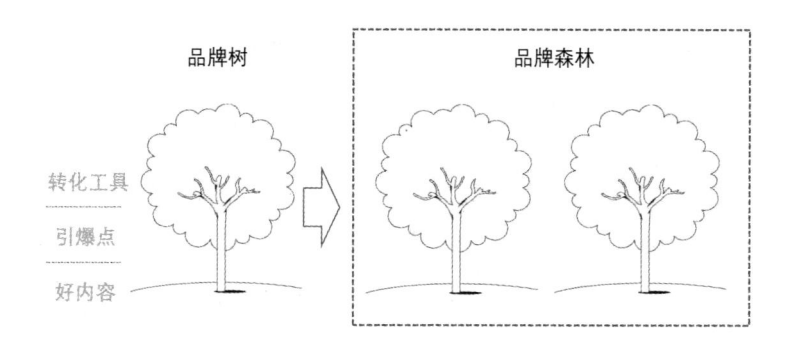

图3-5　从品牌树到品牌森林

通过不断思考、实践，我总结了在新品牌超级增长方法论中第二个要素"传播"的打法与逻辑：传播就像种树，其中的树根是好内容，树干是引爆点，树枝是转化工具，如此方可构成枝繁叶茂的"品牌树"；而企业不断地创造传播内容，就如同种树一般，做一次传播就是种了一棵"品牌树"，慢慢就会形成企业的"品牌森林"，而此时也就是企业形成品牌壁垒之时。

本书着重研究新品牌从0到1的成长过程，很多新品牌初创时不清楚如何做传播，怎么在企业中先长出一棵茁壮的大树，更不用提之后再总结经验，按照品牌定位、人群特点进行"复制"。基于此，我总结了新品牌传播超级增长方法论，即：

新品牌传播超级增长=好内容+引爆点+转化工具

接下来，我们来详细拆解一下新品牌传播超级增长方法论的三个部分。

好内容

本章第一节中,我有讲到"技术推动内容变化、用户推动传播变化"的趋势,新品牌超级增长的机遇本质上是交易链路的变化。比如过去品牌要投放广告,用户看到户外广告、电视广告,在大脑中形成认知,当触发消费时用户需要抵达商场等交易场所完成消费,中间链路过长;传统媒体时代,信息传播就是信息传递,缺少用户反馈。互联网早期阶段,虽然有互动,却很难与生意打通,比如在社交网络上用户可以与品牌账号进行互动,但也就仅仅是互动而已,了解一下品牌信息、活动等,该情况下品牌方做预算分配时自然把重头放在了效果广告,内容营销方面则很少投入,如果说二八原则,前者通常是八,后者是二。

但近些年发生了变化,短视频、直播等技术推动了内容生态的完善,人们在看短视频时就直接可以点击购物车、看直播时可以边看边买。好内容激发了用户需求,在小红书、抖音、快手等平台快速通过内容种草而火爆的完美日记、元气森林、三顿半等新品牌们体验到了这一波因内容营销缩短了交易链路而带来的红利。总体而言内容营销有了两大变化:一个是产品

第三章 传播：超级增长的引爆逻辑

角度的，一个是品牌角度的。

新产品之变："内容驱动互动"到"内容驱动产品"。

2020年4月1日晚，罗永浩直播首秀时吃了五根半钟薛高，还没等到他吃完，产品已被抢购一空，当时正在看直播的我"幸运"地抢到了一盒5种口味10支装的钟薛高，以及奈雪的茶（礼品卡）、信良记小龙虾等。直播让内容不仅是信息传递、互动，同时还可以更加快速地销售产品。过去品牌生产内容，总是希望激发用户参与，通过设计各种内容互动的参与点，比如某些品牌传播内容（文章、视频）中故意设置一些槽点，甚至有意在海报中出错（错别字）……如此"小伎俩"让很多聪明的用户自愿提出观点进行互动，或者更直接的互动——"转发@3个好友，将获得×××奖励"也是一种方法。然而在当下"短视频+直播"成为社交电商标配，新品牌从0到1阶段通过内容不仅可以实现互动，还能实现产品销售。比如说元气森林，在抖音与大量KOL合作进行内容传播，内容的类型有：剧情类视频中植入广告、对产品测评以及直接种草推荐等。

另外，在社交网络中，内容驱动产品不仅仅是销售行为，产品洞察、研发、测试等均可以通过内容平台完成。比如在社交网络上活跃的"故宫淘宝"，很多产品的创意就来自官方微博。比如其微博发布的一条文案"有人建议做款冰箱贴，既充满历史感又言简意赅，冰箱上就贴俩大字：冷宫！所以这都什么粉丝啊",半年后,故宫淘宝官方微博又转发该条微博配上新品冰箱贴:冷宫、御膳房。冰箱贴一上线就成了超级产品,产品创意源于与用户互动的内容,话题感十足,拉近与用户距离,树立亲民形象。

新品牌之变:"品牌创造内容"到"内容创造品牌"。

第一章时我就讲过"传统品牌与新品牌打造对比图",从传统品牌的"产品—品牌—用户"到新品牌的"用户—品牌—产品"逻辑在发生变化,新品牌不用再像传统品牌一样,先去电视台做海量广告,先打知名度,原因是用户时间碎片化,媒体去中心化,某一个单一媒体投放再多也不可能覆盖全部用户,时代不同了。好像新品牌打造更难了,理论上是这样,过去媒体单一、人们获知渠道单一,传播更容易,前面我们也阐述过这个观点,但是这个时代依旧给了新品牌更多机会,不需要你先成为知名品牌,而在目标受众聚集的平台上不断输出内容,通过内容也可以创造品牌,这就是新品牌超级增长的机会点。就像小米公司一样,创立初期并没有广告预算,主要通过社会化媒体运营,输出大量的内容,制造各种话题,提升品牌知名度,同时带来产品销量。小米是从"品牌创造内容"到"内容创造品牌"的典型案例。

在社交网络上还存在众多中小品牌,它们大多从0开始,通过内容创造品牌,成为一群忠实粉丝的钟爱品牌。如前文讲

第三章 传播：超级增长的引爆逻辑

到的东北大米品牌江田古稻就是典型的短视频内容创造品牌差异化的代表。

乔纳·伯杰（Jonah Berger）所著的《疯传：让你的产品、思想、行为像病毒一样入侵》一书讲道："人们只要没有看到相关的事物，是不会轻易模仿的，更不可能让这些事物变得流行。所以我们需要设计一些具备公共应用性的产品和思想。"这本书的观点影响了很多人，作者谈到引发疯传的传播内容需要具备感染力，而在分析了数以万计具有感染力的信息、产品和思想后，作者总结了六个原则来推动它们广泛传播，即社交货币、诱因、情绪、公共性、实用价值、故事，也就是产品或思想需要包含社交货币、容易被激活、能够激发情绪、有公共性和实用价值，并融入故事。

如果从品牌产出内容的角度，可以分为创造内容与借势内容，内容形式可以包括图文、海报、视频（短视频、中视频、长视频）、漫画（条漫）、直播、H5等。

创造内容： 由品牌方自主创意策划的内容主题，通过各个平台传播，引发关注。如奈雪的茶"秋天的第一杯奶茶"、老乡鸡"战略小会"、百雀羚一镜到底长图《一九三一》等。

借势内容： 由品牌方策划借势相关话题、事件、节日等热点的内容主题，通过迁移热点流量达到品牌推广的目的。如蕉内借势"三八妇女节"发布《女生的反义词》，鸿星尔克借势

"新疆棉事件""河南水灾捐款",华帝借势世界杯的"法国队夺冠,华帝退全款"等。

不论是品牌自主"创造内容",还是"借势内容",要达到好内容的标准,才会形成疯传。基于《疯传》所提到的六个原则,我归类到四个方向,即好内容要"有情、有趣、有用、有品"。

那么我们该如何理解好内容的"有情、有趣、有用、有品"呢?

一、有情

好内容的"有情",有两个角度:一是情绪,二是情感。

1. 情绪

有正向积极的情绪,有负面消极的情绪,有些内容的出现自带情绪,会激发人们参与评论、转发分享的欲望,有些情绪也会降低,或者阻止人们分享。比如有些品牌会在奥运会等运动赛事传播的内容中加入励志向上的情绪,人们看到文案、视频会被感染,或热血沸腾,或热泪盈眶,或者看到某些企业的善意而由衷赞叹,对该品牌的好感激发,疯狂转发分享、购买商品。在我的记忆中,有两个品牌成功地激发了人们积极的情绪,一个是汶川地震时捐款1个亿的王老吉(加多宝),一个是2021年河南水灾捐赠5000万物资的鸿星尔克。

第三章 传播：超级增长的引爆逻辑

两者的火爆出圈可以说是可遇不可求，灾难时捐款捐物的品牌很多，而2021年鸿星尔克捐赠消息一出，就被网友送上热搜火出圈，仅其中一个话题"鸿星尔克的微博评论好心酸"就破了10亿的阅读量。首先是网友评论企业亏损还捐那么多；其次，董事长现身直播间希望大家理性消费；再者，各类媒体、自媒体、意见领袖、名人参与，加速传播，比如雷军微博晒出自己穿着鸿星尔克。

本质上，灾难事件期间企业参与捐款、捐物都是借势策略，这类方法本身没有对错，有底线、有态度、有实干，用户自然会感受到品牌的真诚，灾难面前品牌参与重点是品牌借势，而非营销借势，这是一个很好建立品牌美誉度的"机会"，而不是利用该"机会"卖货，出发点不同结果也不一样。另外，也有一些突发事件中出现的情绪会令人愤怒、厌恶，同样会激发人们传播分享，比如2021年3月的"新疆棉事件"。

具体事件不做详细陈述，简单来说，瑞士良好棉花发展协会（BCI）抵制中国新疆棉花，其成员企业H&M公开发表信息称"拒绝使用新疆棉"，此消息一出马上引发国人的愤怒，而后众多中国服装品牌纷纷发声，安踏表示退出BCI、网友发现李宁一直在用新疆棉……鸿星尔克则打出一套"借势内容营销组合拳"，相继推出"鸿星尔克隔空喊话王一博（王一博与耐克解约，鸿星尔克发出合作邀请）""鸿星尔克坚持中国制造""棉

花很软 中国很硬""鸿星尔克暖心渠道征集"等话题，同时在微博、微信（朋友圈）、抖音等社交平台，以及线下广告牌、自家门店都推出主题海报。

鸿星尔克将人们对"抵制新疆棉"的愤怒情绪，转化为品牌"力挺新疆棉"的喜悦情绪，"棉花很软 中国很硬"这句文案很容易与用户共鸣共情。鸿星尔克官方还发出全国征集门店的消息："鸿星尔克诚邀具有民族认同感的商场渠道，为避免爱国商场因空档蒙受损失，特此征集五百家，数量上不封顶。我们将同等条件、不论数量、不论面积、绝不议价，立即进驻！"同时鸿星尔克天猫旗舰店也上线了"新疆棉文化纪念T恤"，这一波借势内容营销，速度快、创意快、执行快！

内衣行业的新品牌蕉内也同样参与其中，其官方微博发布"蕉内全品类精选新疆棉"的内容参与"我支持新疆棉花"话题，配合"生活离不开新疆棉"主题海报展示其商品，同时还不忘记用抽奖增强粉丝互动。

关于情绪方面的表达，蕉内在2021年"三八妇女节"时发布了《女生的反义词》主题视频，其同名微博话题达3.1亿阅读，5.5万讨论。

蕉内用"艺术化+意识流"的表现手法，通过文案的跳跃思维，用"反义词"将人们带入蕉内的审美世界，并通过各类产品特征与众多反义词组合，如"硬标签"的反义词是"印的标签","懒得设计"的反义词是"为懒而设计"等,形成了对蕉内品牌认知、产品定位的清晰传播。蕉内通过借势妇女节,以"反义词"为切入点,用关键意见领袖(KOL)的声音,激发用户思考的情绪,代入女性重新思考"反义词"、重新思考内衣的审美。

表3-2 关于情绪在内容中可以分为7种类型

类型	特点说明	内容切入点建议	相关案例
喜	内容令人喜悦的情绪	欢喜互动,全民参与	奈雪的茶:秋天的第一杯奶茶
怒	内容源自人们的愤怒	由怒转喜,积极正向	鸿星尔克:力挺新疆棉
忧	内容源于人们忧虑、忧愁	选择支持,代为发声	Keep:怕就对了
思	内容激发人们思考、反思	提出问题,指明方向	蕉内:女生的反义词是什么
悲	内容源于悲痛的场景,或激发悲伤的情绪	由悲转思,反常出击	UCC COFFEE:每天来点负能量
恐	内容令人恐惧害怕的情绪	由恐转思,权威专业	××评测:包书皮事件
惊	内容给人带来惊吓的情绪	出其不意,惊而有喜	麦当劳:McDrive Surprise

"喜、怒、忧、思、悲、恐、惊"这7种情绪活动,中医认为是人体对外界环境的生理反应,在我们研究传播时,发现人们也会随着不同内容的变化产生情绪的变化,比如北京奥运会、冬奥会带给人们喜悦的情绪,而此时品牌则可以借势此喜悦情绪创作内容。"喜"的情绪容易被更多人接受,很多品牌也愿意

将"喜"的情绪元素融入内容。"怒、忧、思、悲、恐、惊"的情绪在内容策略上往往都是唤醒用户逃离、改变,激发用户对积极正向"喜"的追求。7种情绪,"惊"比较特别,不会单独使用,一般与"喜"组合,即内容会给用户带来惊吓,但是在一个整体娱乐整蛊的环境里,最终揭晓后会令人感受到"出其不意,惊而有喜"。

2.情感

神经学专家保罗·麦克里恩(Paul D. MacLean)提出了"三脑理论学说",即人类不只有一个大脑,而是有三个,即第一个最原始的"反射性"大脑,第二个是"情感"大脑,第三个是"理性"大脑。反射性大脑决定了我们众多下意识的反应,比如感到烫的时候迅速收回手、口渴了喝水……情感大脑对情感的记忆会超过本能反应,帮助人们做出更重要的决策。理性大脑不但擅长逻辑总结和复杂推理,还让我们拥有自我意识和自由意识,它能让我们设计美好的建筑、创造更好的产品,这个大脑是人类独有的。这三个大脑之间的关系错综复杂,复杂程度超过了许多人的想象。理解三者的运作方式和它们相互压制、相互影响的机制是优质营销的必要条件。许多人认为我们是用理性大脑做决定的。其实不然,我们的行动主要是情感来驱动的。

第三章 传播：超级增长的引爆逻辑

《情感驱动》一书中举过一个例子，假如你想要买一块能够精准显示时间、耐用好几年的手表，那就先准备好大约20美元，这个决定是通过理性大脑做出的。但假如你想要能够彰显你人生的成就、你的教养和品位的手表，可能至少要付2000美元，比完全理性的决定多花将近100倍。名表制造商不会在精准、耐用方面花太多力气，而重点讲的是与手表看似毫无关系的各种特性，比如人类的追求、成就，甚或传承。

本章第一节中我就讲到忠诚度话题，以"情感联结关系"，从"以情动人"到"情不自禁""情理之中"，品牌与用户关系的变化推动了新品牌成长。从本书第一章开始我一直反复强调新品牌超级增长的关键点是"情"，不仅仅是看到目前发展的新品牌在情感共鸣、情感营销等方面获益，在很长一段时间里人们对品牌偏好的判断都与情感有关，因为在决策时"理性"大脑尽管不愿意支付，但是"情感"大脑会使出浑身解数说服，最终人们如愿以偿地得到了心爱之物，"情感"大脑也会因此变得愉悦。

你可以试着回想一下很多消费场景，是不是有过如此自我说服的经历，"情感"大脑与"理性"大脑的"斗争"往往前者胜出（在支付能力允许的前提下）。对于品牌主来说，重要的是学会用情感与用户沟通。

最早把情感全面引入营销理论中的是美国的巴里·费格教

授,他的著作《市场营销:攻心为上》中就将"情感"作为核心。他并不摒弃广告、经销网等众人皆知的营销术,但他要求企业应促使消费者与产品建立情感,消费者与企业家分享情感,而且要把这种情感融于社会,成为一种无形的不可摧毁的力量。实践证明这一战略思想确有奇效:一些小企业抗击大企业成功,一些不知名企业因此闯入跨国公司庞大帝国的禁区,有些企业得以由失败而重新崛起,变得虎虎有生气。

消费者行为学中有一个ABC态度模型,即情感(Affect)、行为(Behavior)、认知(Cognition)。消费者在消费不同的产品时,根据ABC先后顺序的不同,呈现出不同的方式,该模型将三者关系分成了三个层级,即:

(1) 标准学习层级(认知→情感→行为):消费者是先了解(认知),在了解后形成情感,然后再产生消费行为。此类消费者在进行购买决策时会主动参与、收集大量信息,权衡利弊,对于品牌主来讲,可以通过传播建立认知、增进情感,形成转化行为。

(2) 低介入层级(认知→行为→情感):此类消费者没有明显品牌偏好,会直接进行购买,使用后才进行评价。此类型消费决策,品牌主很难介入其中。

(3) 经验层级(情感→行为→认知):此层级强调产品包装设计、品牌名称、品牌故事、品牌广告等对消费者产生的影响

第三章　传播：超级增长的引爆逻辑

均会推动行为转化。比如江小白的文案瓶、味全每日C的拼字瓶、完美日记的动物眼影盘、三顿半的迷你数字小罐包装、小罐茶的"八位制茶大师"与"铝膜充氮小罐包装"等。

不论是"三脑理论"还是"ABC态度模型"，可见"情感"是形成消费者态度与购买意愿的重要因素，作为营销从业者不应该忽视。

传统时代，从南方黑芝麻糊"一股浓香，一缕温暖"的经典广告到哈药六厂"妈妈洗脚"广告的温暖共情，一些品牌通过情感内容的传播打动了目标消费者，让这些品牌在那个时代超级增长。而在当下新消费崛起、新零售如火如荼的数字时代，为何我还再提"情感"？过去一阶段，很多企业以效果为导向，以增长为目标，导致与用户的共鸣、情感的传递缺失，2019年一篇《阿迪达斯：我们在数字营销领域进行了过度投放》引发营销界关注，文中阿迪达斯全球媒介总监西蒙·皮尔（Simon Peel）表示，过去这些年，阿迪达斯过度投资了数字和效果（digital & performance）渠道，牺牲了品牌建设，其中23%的预算在品牌，77%的预算在效果。而竞品在同一时间不断地与用户建立情感联结，比如2019年耐克为北京这座城市打造了以"甭信我，服我"为主题的系列短片（为北京99球衣争霸篮球赛造势）。广告片中呈现的不仅仅是简单的小胡同大杂院，还挖掘北京人敢夸下海口也能把狂言实现的特点，这个系列推出后耐克公众号留言区好评不断,"北京人,真爷们!个个都是老炮!"……

耐克在公众号解释了"甭信我,服我"的含义:当你觉得北京人傲气冲天、口出狂言时,他们正夜以继日地苦练、一次又一次地突破自己、挑战自己。当一个个的狠话、狂言,终成现实,你就会知道,在北京没有说说而已,从"信"到"服",我们带你见证。下次,甭信我,服我!

2018年我在为信远斋做品牌咨询时,其中一个改变就是将过去专注产品的信远斋,加入情感元素,比如提出新的品牌口号"熬出骄傲"。"熬"字在产品层是指信远斋桂花酸梅汤的精心熬制工艺,在品牌层则是指信远斋悠久的历史,同时与"骄傲"二字呼应。"熬出骄傲"一方面是指信远斋自身产品、历史,到如今深受消费者喜爱,另一方面也是一句励志文案,告诉每个人通过努力成就更好的自己,每个人都可以"熬出骄傲"!这符合"用户定位+产品定位"的超级文案(品牌口号)逻辑,一句话可以读出产品与品牌价值,用户也容易代入,并在情感、心理方面产生共鸣。

随后落地到传播方面,输出了"有情"的好内容,推出了"520表白"活动——"时间会把陪伴熬成爱的骄傲",众多关键意见领袖参与,海南航空、太阳神、九头鹰酒家、权大师等20余家品牌跨界呼应。此表白便是直接将情感与用户联结,通过关键意见领袖、各大品牌联合让更多人感知到该品牌新的变化。

诞生于2012年的江小白，主打青春小酒，"我是江小白，生活很简单"的品牌口号与卡通形象深入人心，其瓶身上各种能与年轻人产生情感共鸣的文案成为江小白的一大特色。2012年，江小白靠着文案瓶一炮而红；2014年，江小白实现营收破亿，此后更是连年增长；2019年，江小白营收超30亿。在"活不过一年""难喝"等争议声中的江小白却实现了超级增长。

江小白的成功之道，正是通过情感内容营销策略（有情的好内容）的有效实施，洞察用户，与用户进行全方位、深入的情感联结，从而获得用户的信任与喜爱，形成了自身不断增长的市场份额。

江小白在传播方面的情感内容营销策略主要表现在如下四个方面——

（1）构建场景引发情感共鸣。

江小白逐渐从文案瓶出发形成了青春文艺的品牌场景，将年轻人成长过程中经历的情感瞬间截取成内容选题，比如：

面对毕业季的年轻人，文案："在最好的年华，和你们一起长大""愿十年后，我还给你倒酒，愿十年后，我们还是老友"；

面对背井离乡的年轻人，文案："我再努把力，下次聚会时就是四代同堂了"；

面对加班、工作压力大的年轻人，文案："相信事在人为，也相信尽力无悔"。

不同时机、不同人群看到如此内容，通过这一句句文案就建立了与品牌的情感联结，而品牌要创造的情感共鸣也就顺势而成。

（2）粉丝活动建立情感共鸣。

当用户越来越重视消费过程中的参与感、体验感和存在感时，江小白不断与用户拉近距离，不是传统生意的买卖关系，而是江小白构建了一种年轻人的表达方式、生活方式，与他们"玩在一起，乐在其中"。比如：

2012年"世界末日"这一年，江小白举行第一届同城约酒大会，以"世界末日那一天，有你陪在我身边"为宣传主题邀请粉丝参与，以约酒的方式与用户做情感互动，并推动产品现场销售。

江小白还举办"江小白YOLO音乐现场"，将品牌融入音乐文化，提出了"自己有路，我有态度"的活动口号，同时还推出了"YOLO有路清淡型高粱酒"，满足了文艺青年追求另类、个性的情感需求。

（3）IP打造激发情感共鸣。

江小白品牌IP打造覆盖了视频和动漫领域，比如《顶两口》《青春的酒》《你好重庆》等视频内容，还推出了动漫《我是江小白》……各个IP均围绕青春、爱情主题，尤其《我是江小白》

不断更新下去，从动漫、音乐到大电影，一代人的青春记忆就变成了江小白。

（4）品牌联合共创情感共鸣。

江小白与众多品牌、IP进行联名跨界，如蒙牛随变、周黑鸭、乐乐茶、同道大叔、雪碧、格力高Pocky、QQ浏览器等。每次跨界，江小白总会融入对方熟悉的元素，形成两个品牌融合后令人喜悦的情感共鸣。

我在之前出版的一本书《超级文案方法论》中表述超级文案销售力部分时，强调了"共鸣"，而对于"共鸣表达"，可以将用户情感分为"情绪现状（困境）""情绪所得（支持、赞赏、出击、揭露）""情感共鸣"几个阶段，针对不同阶段进行相应的品牌内容表达，最终可以将用户情绪的变化转移为对品牌的情感共鸣。

好内容的"有情"，实则是强调"情感"，但是往往"情绪"会在其中起到推动的作用。

二、有趣

有人说："好看的皮囊千篇一律，有趣的灵魂万里挑一。"这是在形容人，当然我们来看品牌、产品，也可以适用。比如一个品牌的包装、产品设计颜值都不错，但是用户在与品牌互动后发现这个品牌很无趣、无聊，甚至让人产生了厌恶感，这样的品牌就只是"看上去很美",很难持续发展。前面讲了好内容的第一个关键词"有情",我们现在来说说"有趣"。

通过娱乐化、幽默、段子等内容传播方式让用户喜欢上品牌、产品,这种营销策略也常常被品牌主采用。近些年很多品牌年轻化时也会考虑用此方法,比如各种段子式文案成为"故宫淘宝"微博日常运营的素材,其开发文创产品的创意、画风、文案无时无刻都透着"萌、贱"的"有趣"特质。

比如有一条微博为:今天有一群学生在御花园拍戏,说是毕业作品,并大概介绍了一下戏份内容,故事曲折离奇婉转动人,我们安保人员听了很是感动于是赶走了他们。

段子式文案让"故宫淘宝"获得了越来越多年轻用户的喜爱。

在好内容"有趣"这个特点上,我们可以从品牌、产品、活动三个维度思考。

1. 维度一,有趣的品牌传播:老乡鸡"200元发布会"引爆品牌

2020年3月18日,一条视频在社交网络中疯传,各大自媒体纷纷以《史上最简陋的发布会,只花200元刷爆网络》《200元土味发布会,老乡鸡火了》……为标题讲述老乡鸡的一场花

第三章 传播：超级增长的引爆逻辑

了200元举行的战略发布会，其视频还引来岳云鹏点赞（没过多久，在网上频繁与老乡鸡互动的岳云鹏正式成为其代言人）。

老乡鸡此次传播有趣的点在哪里？

（1）有趣的场景：土味的感觉从场景开始，大喇叭、简陋的横幅、简单的红布桌子，一个话筒、一块黑板、长条凳……与体育场、高端酒店、聚光灯闪烁、巨型LED大屏的科技酷炫的发布会比起来反差感极强，有网友评价"土到极致就是潮"。

（2）有趣的人设：老乡鸡董事长束从轩被称为"网红董事长""最潮的60后"，在视频中不断口出金句，同时还有很多网上热门的熟悉的梗，讲话有趣且押韵，如此语言与其本人"60后"形象也形成反差。

视频中束从轩董事长的金句文案：

①无可救药、暗渡陈仓、无中生有、凭空捏造……（抖音、B站等平台热词）

②就是这只，太美了，隔壁小孩都馋哭了

③敲黑板画重点，是时候展示真正的技术了

④泰国新加坡印度尼西亚

⑤生活不只诗和远方，还有肥西老母鸡汤

⑥头已洗，发已理

⑦让我们一起给生活比个耶，记得双击点个赞，么么哒！

（3）有趣的叙事：

整个视频可以分为三个部分：

第一部分，品牌故事。

视频一开场就结合现场乡村场景，抱出一只土鸡讲起了创立老乡鸡的故事……这个故事让观众们知道了土鸡与其他鸡不一样。

第二部分，战略发布。

视频中讲了网友调侃老乡鸡：国内第一的中式快餐，全国800家店，在安徽就有500家……

为了满足网友的呼唤，"是时候展现真正的技术了"，顺势发布在全国的布局战略。

第三部分，直播带货。

整个视频在这部分从乡村场景直接转到了老乡鸡餐厅，前面的内容重点是吸引用户关注、建立认知，而重头戏则在这部分，董事长亲自介绍老乡鸡的干净卫生战略，从门前的洗手台到明档厨房、调料的牌子，到不同功能抹布的细节安排，再到高端洗碗机、菜品食材，最后到餐桌消毒……视频最后他还摘下口罩用餐，真人证言，实力种草，开启美食主播模式的直播带货营销，在新冠肺炎疫情期间，此视频的重要作用是打消疑虑，为疫情后消费恢复增强信任感。

老乡鸡通过一条视频传播出圈，成为有趣的品牌，也让更多人知道了其产品、服务。在不同时期做不同的事情，有人说"旺季做流量、淡季做品牌（口碑）"，这话不完全对，很多经商者旺季时只关注流量，淡季时也在想怎么获取流量，很多时候就忽略了品牌，而好内容就是滋养品牌最好的方法。

2.维度二，有趣的产品传播：王小卤趣味广告引爆产品

王小卤，以虎皮凤爪为主打的卤味零食品牌，2019年上线天猫，首战便拿下天猫鸡肉零食第一。2020年618销售额超千万，"双十一"中也获得了鸡肉零食类目第一名。在2021年1月19日，王小卤官方微博上线了《生活向我出手了》系列广告，《一次普通的起飞》《保罗快跑》《等我数到五》《抱歉，我的老伙计》《出师》五只"沙雕"广告合集推出，搞笑的同时不忘推广当家产品"虎皮凤爪"的优势，比如"好吃到上天""大，就是大（形容凤爪）""谁也戒不掉""连骨头都酥"……

当人们看到视频中跑步前进的大飞机（鸡），飞上天时收起了凤爪，视频中出现了一句"好吃到上天"，这个产品在那一刻与有趣形成了关联。

3.维度三，有趣的活动传播："秋天的第一杯奶茶"引爆"923奈雪奶茶节"

2020年9月，"秋天的第一杯奶茶"话题火爆刷屏，各大平台中人们纷纷晒奶茶、晒红包，并配上"秋天的第一杯奶茶"文案，很多人参与其中，也乐在其中。该话题在微博上超过24

亿阅读，101万讨论，这个火爆出圈的话题背后是奶茶品牌"奈雪的茶"923奶茶节活动，在活动前通过制造全民参与的热门话题吸引关注，"秋天的第一杯奶茶"就是引爆点。

其间奈雪的茶官方微博与@农夫山泉、@德芙悦时刻、@快手小铁、@大龙燚火锅、@美的集团等官微进行了"蓝V互动"，其中农夫山泉大桶奶茶图片更是再次成为社交网络中的刷屏素材。

通过有趣的"品牌传播、产品传播、活动传播"，让用户与品牌玩在一起，愉快而美好的记忆往往容易令人印象深刻，同时也增强了对品牌的好感。新品牌如何突围，如何差异化，"有趣"是个不错的策略，但绝对不是发个海报写上"有趣"的文案就有趣了，而是要考虑如何持续地落地"有趣"。建议在品牌、产品、活动等维度思考，在人设、场景、创意等方面呈现。

三、有用

在《疯传》这本书里提到的六个原则中就有"实用价值"，书中提到人们喜欢传递实用的信息，即一些别人能用得上的信息。只要让事物具备某种实用价值，就足以带来传播效应。

新品牌传播中，创造有用的好内容越来越被用户喜爱。

第三章 传播：超级增长的引爆逻辑

我曾多次在不同场合与人交流，问大家平时都看哪些媒体，会被什么样的内容种草，这些年很多女性朋友大多会回答：小红书。

前段时间在为某知名家居企业品牌市场团队咨询时，团队反馈其品牌在小红书这样的平台创造内容后带来的转化远高于其他平台。

还有一个朋友也告诉我，她玩小红书"上瘾"了。

为什么？我并不是在这里推广小红书，而是思考很多女性消费者在这个平台看什么样的内容，之后能形成转化？

这个平台上有大量用户分享的笔记，从美妆到服装，再到美食、家居等领域，用户会搜索相关的信息，而热衷分享的达人们会将实用的信息做成一篇篇笔记发布，比如"化妆品如何选购、不同皮肤如何使用"等，这些类似教程、体验感受的信息中也会植入产品。从"种草"到"下单"，"有用"的价值感在其中起到了重要的作用。

我自己也有很多体会，比如到一个城市会查找当地的"网红餐厅"，进到餐厅会看大众点评上用户的评价信息给自己点菜做参考。另外，旅行领域也同样适用，我有一次要去度假，想去潜水，就在马蜂窝上搜索该目的地的信息，还有潜水的信息，发现不仅有人分享行程且在其中做了很多关键的建议，尤其潜水那篇文章令我印象深刻，对我这个潜水小白来说是一个很棒

199

的科普贴，包含了小白该怎么报名学习，还有潜水时的注意事项、装备配备等，甚至推荐了具体的租赁装备的网站。看到此处，即使我已经感觉到浓浓的广告气息，但其有用的信息让我的"情感"大脑决定下单，最终体验也很棒。当我旅行结束后，这家机构客服联系说："如果你愿意写一篇此次旅行笔记，并能够植入我们的产品，分享到×××平台，我们将奖励××元。"

不同的平台上有不同类型的用户群，他们在那里寻找对各自有用有价值的内容信息，比如抖音、快手、B站、知乎、豆瓣、马蜂窝、大众点评等。此类有用的传播内容大体可以分为：

知识型科普：品牌PGC（Professional Generated Content, 专业生产内容），以品牌官方身份生产制造知识、攻略类内容，多以系列图文、短视频为主，或以某类与产品服务相关的课程呈现。

体验型种草：KOL、KOC分享对产品的使用体验，包括产品评测、使用方法、技巧步骤、购买方式等。比如达人们在抖音、小红书分享，也包括朋友圈、百度经验、微博、大众点评等平台，以用户视角的体验分享内容，以图文、视频、直播等呈现。

案例

体验型种草：费列罗金箔纸折纸教程

在抖音、小红书上，达人体验种草的案很多，但我想举的这个案例出现时"种草"这个词还没有流行，可它却是体验型种草的典型案例。

费列罗巧克力产品形状、包装都很有辨识度，尤其金箔纸成为该产品一大特色。有些人开始用费列罗金箔纸折纸，创造了各种有趣的人物、动物、建筑等，而人们在社交网络上看到各种作品时，更多人会有参与的冲动，当你也想折纸时，搜索一下会发现大量的教程出现，其步骤一般是从"准备费列罗巧克力一颗"开始……

费列罗巧克力折纸创意兼具"有趣+有用"的特点，想象一下，如果费列罗官方举办一个折纸大赛？如果有更多关键意见领袖参与分享？如果能够将折纸大赛与情人节、七夕节等节日"绑定"，创造一个每年可持续举办的活动IP，人们在娱乐中能与品牌更深入联结，既记住了品牌，又带动了销售转化。此案例供更多新品牌参考，是否可以思考把自身产品元素作为创意的一部分，通过输出教程、组织活动让更多人参与其中。

让用户感觉有用、有价值的好内容，从品牌视角生产的知识型科普内容、从用户视角创作的体验型种草内容，让用户感知传播的好内容有用，不仅可以通过有用的内容吸引更多潜在用户转化消费，而且还能提供产品的增值服务，比如使用说明、用户互动，让品牌、产品融入用户的生活、植入用户的心智。

四、有品

好内容的前三个特点比较好理解，"有情、有趣、有用"三个部分都可以从内容创意层面思考，比如创意一个有泪点的内容"感动"用户，或者制造一个有笑点的内容"兴奋"用户……而"有品"在好内容特点层面并非讲创意本身，但内容是否"有品"也决定了其是否能够被人接受，甚至成为爆款好内容。

在"有品"方面，可以从三个维度思考，即品德、品位、品质。

第三章 传播：超级增长的引爆逻辑

图3-6 "有品"好内容的三个维度

1. 维度一：品德

一个品牌的品德也尤为重要，在营销领域一直存在一些企业希望通过"打擦边球"的方式进行营销，但骨子里透出了品牌品德的"不正"。比如之前有某知名鸭脖品牌，在"双十一"期间打出广告"鲜嫩多汁，想要么"，之后还不忘配上有情色暗示的女性图片，此内容一出，立马"恶俗""恶心""辣眼睛"等评价满屏。

谈到品德，是需要从营销人的个人品德开始提升修养，产出的内容才不会在品德上出现问题。人的思想出现问题，会导致创作内容有了偏差，若与品牌产生关联，用户直接的认知就是，这个品牌不行。当然之后该品牌道歉，后来人们也逐渐"淡忘"了这件事情，但对于新品牌来说，创造好内容，品德是底线，不是告诉你要做什么，而是告诉你千万不要做什么！

2. 维度二：品位

2021年2月，"李诞带货女性内衣Ubras翻车"成了热搜话题，广告文案"一个让女性轻松躺赢职场的装备"引发网友不满，"冒犯女性""男人穿什么女性内衣？""解释一下女性怎么就躺赢职场了？""广告词恶意太大，不想要女性客户了？"……一波波批评声此起彼伏。

我们思考一下：品牌主认为什么样的关键意见领袖代表了自己品牌的品位？产出什么样的内容（广告文案）才是该品牌应有的品位？

内容的品位代表了品牌的调性、风格，很多企业都通过传播彰显自己的品位，尤其新品牌，会在每一次传播中让人认识、认知你的品位，就好比一个年轻人第一次登上舞台，从穿着到谈吐，观众都会在心里打分。而换作品牌，用户会用行动来投票，认可你品牌的品位，就关注你的社交账号、"点赞+转发+评论"你的内容、购买你的产品……

3. 维度三：品质

不仅产品需要考虑品质，好内容也需要，如何理解呢？

在内容创作生产方面，一篇文章会考虑标题、故事情节起承转合，此部分重点考虑"有情、有趣、有用"三个特点，内容品质则主要考虑每一类内容的专业呈现，比如：

（1）图文：排版、配图美化、版权意识等；

（2）海报：创意、色彩搭配、版权意识等；

（3）H5：互动特效、音乐、按钮、表单设置、设计等；

（4）短视频：人物、画面质量、剪辑、字幕、背景音乐、特效、素材版权等。

"有品"所讲的三个维度"品德、品位、品质"，是新品牌传播超级增长的根本，也就是一个好内容，有品是基础。

创造出"有情、有趣、有用、有品"的好内容，不仅仅要洞察用户，同时也要掌握不断变化的内容形态。如何制作出潜在用户喜爱的内容？需要了解当下的用户阅读习惯、各大平台内容规则，比如短视频，在2021年年初巨量引擎发布的《巨量引擎短视频广告价值白皮书》中，就分享了短视频内容被拆解到每一帧画面，精准定位点击率高的关键镜头，通过如此分析之后，品牌主会清晰地知道视频的哪一段有问题，哪部分有吸引力，之后再做针对性优化。数字时代的内容传播，让"有情、有趣、有用、有品"的好内容插上数据的翅膀，有人说这是"科学的艺术"，也可以说是"艺术+技术"的融合。

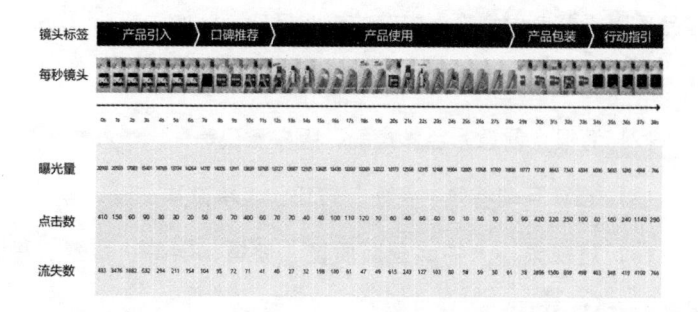

图 3-7 短视频内容拆解分析

资料出处：巨量引擎：《巨量引擎短视频广告价值白皮书》，2021。

当人们看着标题决定是不是点击看全文时，当人们看一条短视频等不到 5 秒钟就可能跳出或者滑到下一条短视频时，很多品牌在创造内容时都在思考如何让用户"看下去""超过 5 秒"……让你的内容更具吸引力，从一开始就需要建立用户的期待，增加其好奇心，就如同很多内容（短视频、图文）开头会反问"你一定不知道×××"，以此激发用户"看下去"的"求知"欲望。至于内容如何创作，本书就不过多详述，我在《超级文案方法论》一书中已经重点对内容（文案）的"传染力、洞察力、冲击力、销售力"进行了详细分析。

引爆点

在新冠肺炎疫情期间，我们关注到这样一些词："零号病人""超级传播者"。"零号病人"指的是第一位得传染病，并开始散播病毒的患者，在流行病调查中，也可叫"初始病例"或"标识病例"，正是他造成了传染病的传播。而"超级传播者"则由世界卫生组织提出，把病毒传染给十人以上的病人被称为超级传播者。

"零号病人""超级传播者"都是一场疾病的引爆点，而在我们的生活中，古往今来各种产品热卖、流行，都有关键人物、关键事件作为引爆点出现。

关键人物

近些年国内流行种草文化，很多新品牌通过少数关键意见领袖的种草分享，品牌快速火爆。比如完美日记、花西子、元气森林、王饱饱等。

案例

花西子引爆点的关键人物

花西子品牌诞生于 2017 年 3 月,花西子中的"花",是指"以花养妆","西子"二字,则取自苏东坡诗句"欲把西湖比西子,淡妆浓抹总相宜"。花西子的爆发集中在 2019 年。这一年,花西子销售额达 11.3 亿元,同比 2018 年暴涨了 25 倍。花西子第一款超级产品是散粉,让我们来看看是哪些关键人物推火了花西子。

李佳琦:

李佳琦曾于 2018 年 9 月成功挑战"30 秒涂口红最多人数"的吉尼斯世界纪录,成为涂口红的世界纪录保持者,自此也被称为"口红一哥"。2018 年"双十一"与马云比拼卖口红,最终战胜马云。伴随着"OMG(偶买噶)""买它买它"等李佳琦标志性的话术,以及亲身示范带来的震撼效果,他已经是当下直播带货界的顶尖人物。

2019 年 3 月,花西子散粉第一次出现在李佳琦的直播间。同年 9 月 28 日,花西子官宣李佳琦担任其首席推荐官。在李佳琦直播间推荐花西子雕花口红后,花西子也趁热打铁,在小红书、抖音等平台不断进行营销资源的投入。特别是围绕着各个美妆达人的测评文章的发布，一度形成话题热点。其中，一篇名为《花西子新品星穹雕花口红李佳琦试色》的小红书笔记，迅速在各大社交平台深度发酵。

鞠婧祎：

有着"四千年美女"美誉的鞠婧祎自出道以来，一直以充满仙气的东方美女形象著称。特别是2019年她出演《新白娘子传奇》中的白素贞，令她善良、温柔、仙气的形象更加突出，与花西子古典雅致、清新脱俗的品牌形象十分契合。

2019年5月，花西子官宣鞠婧祎为代言人，同日官宣鞠婧祎为代言人的微博至今转发量达到100多万，点赞数10万。鞠婧祎的代言再次推高花西子散粉的声量，鞠婧祎的同款"花西子玉女桃花轻蜜粉"，在2019年多个月份销售额同比上涨上千倍。

李艾、张嘉倪、袁咏仪等明星种草：

花西子携手大型真人秀《新生日记》，以"明星孕妈"的角度，从侧面彰显出花西子品牌的特色（其产品主打"不含孕妇慎用成分"）。一时之间，四组孕妈麦迪娜、李艾、陈燃、马剑越打造的孕期仙女妆，让更多孕妈感受到花西子品牌"以花养妆"的品牌理念，引发人们对孕期"美"的时尚探讨热潮。

同样，《延禧攻略》中"顺嫔"扮演者张嘉倪就在孕期一直使用花西子气垫CC霜,她在小红书上分享气垫CC霜使用心得的文章,引发了无数粉丝关注和探讨。

另外,袁咏仪同样在小红书里发布了使用花西子口红的视频,更为花西子聚集了大量人气。

关键人物不仅成为传播引爆点,同时也成为用户消费决策的重要推动者,从舆论导向到销售转化,关键人物都是核心要素。

关键事件

品牌、产品、话题能够成功引爆,除了关键人物的推动,有时关键事件也起到了决定性作用。关键事件的特点在于有足够的冲击力、传染力,我们先列举一些成为众多品牌引爆点的关键事件,如:

(1)【文和友】2021年4月,深圳文和友开业,超5万人排队拿号。

(2)【茶颜悦色】2021年4月,茶颜悦色深圳开店,"黄牛"代排队300元一杯奶茶。

(3)【星巴克】2019年2月28日,星巴克天猫旗舰店开售猫爪杯,1000只猫爪杯1分钟内抢光,线下销售时更是有通宵排队、搭帐篷、打架等关键事件,成为此次星巴克猫爪杯火爆的助推器。

（4）【海尔】海尔水晶洗衣机搭硬币事件，通过与关键人物网红"力学哥"合作，在运行的海尔水晶洗衣机上用硬币搭出凯旋门。通过视频在社交平台发布，而后"力学哥"又在运行的洗衣机上搭了目前世界第一高楼——迪拜哈利法塔，因此还获得了吉尼斯世界纪录。这一波关键事件营销成为海尔水晶洗衣机的重要引爆点。

（5）【Blendtec】Blendtec搅拌机在每次苹果手机发布时都会做一个iPhone手机放到搅拌机搅成粉末的视频，iPhone 4S、iPhone 5S、iPhone 5C、iPhone X……粉碎测试后还分析iPhone手机的化学成分，比如：

把iPhone 4S放到搅拌机搅碎后，又将这些碎片分装到多个培养皿中，在500℃的高温下与过氧化钠混合，最后对得到的酸性溶液进行分析，来确定手机的化学成分。最终的分析结果表明，一部iPhone 4S含有33克铁、17克铬、6克铜等贱金属，还有少量贵金属，包括90毫克银和36毫克黄金。

此系列视频在全球社交网络疯传，其视觉冲击力十足，传染力也极强，每次测试视频作为Blendtec品牌例行的关键事件，让人们记住了产品过硬的性能，即使有人没记住品牌都会记住这个事件，当要购买搅拌机（破壁机）产品时，就会与该事件关联，会在网络搜索"那个粉碎苹果手机的搅拌机"……

关键事件不仅带来超级传播，还可以推动消费决策，甚至会成为已购用户的社交话题。

转化工具

百雀羚曾因一镜到底长图《一九三一》火爆刷屏，引来众人惊叹创意、设计、故事的精妙精美，然而同时也有人指出此次传播内容"有趣有品"，但是吸引了那么多流量之后对销售的转化不行。除了当时微信平台与天猫之间不互通，品牌主在策划此次传播时缺少转化工具的有效利用导致"白白浪费"了传播势能。

过去，有人常常认为传播仅仅是为了打造品牌（提升品牌知名度、认知度、美誉度），销售转化是销售部门的工作，所以有一部分传播从业者的观念还只是停留在信息发布、危机管理等传播的"原始阶段"。本章开篇我讲过"新传播"是"双向互动的内容营销"，而恰恰在这个时代超级增长的新品牌们掌握了"新传播"的"精髓"，抓住了内容营销的红利，通过内容种草，加入适合的转化工具快速获客，推动销量提升，同时品牌知名度、认知度、美誉度等也随之提升。

目前一些新品牌在发展过程中，将"品牌打造"融入"营

第三章 传播：超级增长的引爆逻辑

销活动"，通过传播推动销售转化，应用社群、小程序、直播等转化工具完成内容营销闭环。

我们整理一下转化工具，见表3-3：

表3-3 转化工具分类表

大类别	转化工具小类别	场景
直播	直播间购物车、小风车预约服务（抖音）等	线上
短视频	POI地址、电话、官网链接、购物车、卡券、预约表单、评论、私信等	线上
海报	电话、二维码、小程序码、企业微信群	线上：公众号、朋友圈、微信群等 线下：门店、户外灯箱广告、电梯广告等
小程序	小程序码	线上：微信群、海报+小程序码 线下：海报（传单）+小程序码
H5	表单、二维码	线上：微信群、公众号、朋友圈
卡券	VIP卡、免费体验卡、优惠券、免费券	线上：电子优惠券、电子会员卡 线下：贵宾卡、体验券
传单	电话、二维码（公众号、个人微信号）	线下
电话	400	线下

目前各大社交平台均为企业商业赋能提供了各式各样的转化工具，帮助各个品牌在平台中可以获客转化，通过内容的运

213

营与营销带来增长。从传播目的方面考虑,可以将这些工具分为获客型转化工具与成交型转化工具。

获客型转化工具

通过传播吸引用户关注品牌信息,进而获得留资线索。常见通过传播获客玩法与路径如下:

(1) 整合营销玩法:通过事件、话题吸引关注,各类媒介整合,引发全民讨论,顺势邀请用户注册、参与互动等。此类玩法主要需要注意引爆点人物、事件是否有足够关注度,好内容是否有创意,各环节之间衔接不能脱节,且令人充满期待,否则热度消失,转化也会大打折扣。

案例

神州专车"花式发券"

神州专车从创立到超级增长阶段,是通过传播带来增长的典型代表,"花式发券"成为其重要的获客方法。总之每个事件引爆之后,最终落点会是发放优惠券,发券主要通过H5,用户填写手机号即可领取优惠券。

2016年3月31日,《深圳晚报》《南方都市报》等媒体发布

第三章 传播：超级增长的引爆逻辑

的一则广告刷屏了，其中三个字激发起了大家的好奇心，这则广告的主题是"冇一例"，其主要传递的信息是："深圳相关部门排查发现，3086名当地网约车司机有吸毒前科和重大刑事犯罪前科，神州专车一例都没有"，为此用"没有"之意的"冇"字来代表。"生僻字+真实新闻事件+权威媒体发布"，"好内容+引爆点"就形成了传播的势能，当天微博热搜话题榜排名第四，阅读量超过2400万，随之第二天4月1日，神州专车公众号就推出了一篇文章《【发券】30元奉上！说到司机安全，神州专车冇愚人》，不仅借势了愚人节，同时作为"冇一例"传播的尾声，在文章底部送出了优惠券。

神州专车整合营销获客转化工具方案：

引爆点：借势新闻热点事件；

好内容："冇一例"创意+报纸头版；

转化工具：微信公众号（图文）→H5→输入手机号，领取专车券（优惠券）。

（2）数字营销玩法：通过数字营销精准推送，锁定目标用户，进而提升转化效率效果。在各类社交平台均可以策划类似传播，从用户对内容观看时长以及转化行为，均可以进行数据洞察分析，此类获客方式比较适合汽车、家装家居、金融保险等客单价相对较高、需要线下交付的品牌，适合线上发券、领红包、问卷等留资互动行为。

=== 案例 ===

平安保险

在"妮妲台风"期间，平安保险在台风新闻发布24小时内投放了一条原生广告，标题是《台风红色预警不用慌，车主只要记住十项服务一个电话》，展现品牌关爱的同时普及相关产险险种信息，点击率超过常规Banner（网页导航）图35倍，而那"一个电话"就是转化工具。

平安保险数字营销获客转化工具方案：

引爆点：台风；

好内容：新闻；

转化工具：电话。

成交型转化工具

从微信到抖音，从图文到短视频、直播，通过内容传播时即刻完成交易行为，已经成为很多品牌营销的重要方式。成交型转化工具主要可以直接完成电商交易，海报+二维码、图文+

第三章 传播：超级增长的引爆逻辑

二维码、图文+链接、小程序、购物车等让被内容吸引的用户快速完成成交转化。

（1）直播带货玩法：当下常见各大品牌玩直播带货，有些是邀请网红主播做专场或者与其他品牌"组团"参与知名主播的直播间，比如钟薛高、信良记小龙虾等就参与了2020年罗永浩在抖音的直播首秀。当然目前很多企业自建直播间，直播带货成为企业像运营网店、线下商店一般的日常行为。

把直播作为成交的转化工具，在其中比线下店、传统电商效率更高，而且当用户进入直播间，优秀的主播会巧妙引导，使其进入交易的节奏，用户在互动中不仅能了解品牌信息、产品卖点、限时促销优惠，同时主播或专业或风趣的风格会令用户的购物体验从被动接受变成主动选择。

用户能够转化的核心是"人与货"的匹配，针对潜在人群优化组货策略，通过直播间以及短视频内容运营让转化效率最大化。以抖音电商为例，其特点是以直播间为核心触点激发用户潜在需求，用户进入直播间，种草、互动、转化多个营销目标快速实现，几秒钟抓住用户注意力，几分钟实现转化，对主播、直播团队要求较高；而传统电商则是以详情页为核心触点，直播是辅助成交作用，主播更像客服。

从传播增长的维度看，新品牌需要考虑产品从上市开始的各阶段传播主题，以及如何让目标用户感知到产品差异化；通过传播链路策划，以引爆点、好内容，再通过"直播带货"的转化工具，将一场有记忆点的传播变成品销合一增长。

有人可能会说，我直接做直播不就可以了吗？

从销售角度看是没错。

但是，众多用户在直播间购买商品，记住了主播，却会忽略品牌，对于新品牌来说，这是很危险的策略。即使是成熟品牌在推新品阶段，我都建议可以从整合营销维度思考，先抢占心智，与用户共鸣，可以通过事件营销、话题制造、跨界营销等策略令品牌出圈，之后再直播也好、电商促销也好，会事半功倍！

===== 案例 =====

超能洗衣液

超能洗衣液在推出"天然椰子油"系列时的新品上市传播令人印象深刻。

好内容：第一阶段创作了系列TVC（电视广告片），以植物学家、酒吧歌手、女白领，还有代言人孙俪作为主角，发布了符合身份特征的"超能女人 天然范""没有你应该，只有我应该"主题文案。

引爆点：当时知名微信自媒体"咪蒙"发了一篇文章《"我是为你好"，可我不觉得好》，文章底部植入了超能洗衣液此次广告"没有你应该，只有我应该"，引发网友强烈共鸣。

转化工具：超能洗衣液在9大城市卖场推出超能乐园互动，邀请百名网红进行直播推广天然椰子油洗衣液。在此次整合传播链路中，用户从知道超能洗衣液推出新品，到与产品卖点产生共鸣，当人们对品牌产生兴趣时，直播带货的转化工具会推动用户购买决策。

（2）内容植入玩法：通过一篇文章、一条短视频、一段音频、一门课程等各类内容载体，植入相关产品信息，以二维码、小程序、特殊口令、购物链接等转化工具让人们在阅读（观看、收听）内容的同时对产品进行关联，而内容选题不仅要与产品卖点相关，还要符合传播特点，比如借势热点或者大众共识。

案例

蕉下小黑伞

蕉下小黑伞与喜马拉雅App的《段子来了》合作，制作了一期外出旅行、防晒主题的音频节目，主播采采主要分享各种幽默段子，深得网友喜爱。该期节目也是用段子的方式植入了小黑伞产品，并且告知听众，可以直接到该品牌网店购买，向客服发送××暗号，即可获得优惠。之后1分钟卖出2000把伞，1天卖出2万把伞。

我们总结了"好内容+引爆点+转化工具"这个新品牌传播超级增长方法论，越来越多品牌开始重视内容传播，在品牌发展的不同阶段，或者在"提升品牌曝光、传递品牌信息、增强用户黏度、促进产品销量"的不同目的、目标下，传播成为新品牌超级增长的加速器。

表3-4　传播超级增长方法论拆解表

品牌	好内容	引爆点	转化工具
神州专车	"有一例"广告创意与话题	《南方都市报》等权威媒体头版广告	文章+优惠券
奈雪的茶	"秋天的第一杯奶茶"话题	·农夫山泉等品牌跨界 ·网友晒图"52元"红包	923奶茶节10000杯奶茶锦鲤微博抽奖

创作好内容，找到引爆点，选好转化工具，在新的引爆逻辑下，通过此传播超级增长方法论，让品牌与用户的关系变成双向互动、正向循环。"有情、有趣、有用、有品"的"好内容"，会通过"引爆点"形成病毒般的传染力，用户会被激发形成疯传，而此时恰到好处出现的"转化工具"，可以在获得正口

碑的同时带来用户转化。反之，差内容会"毒害""激怒"用户，令人产生厌恶感，形成负口碑，导致用户流失。

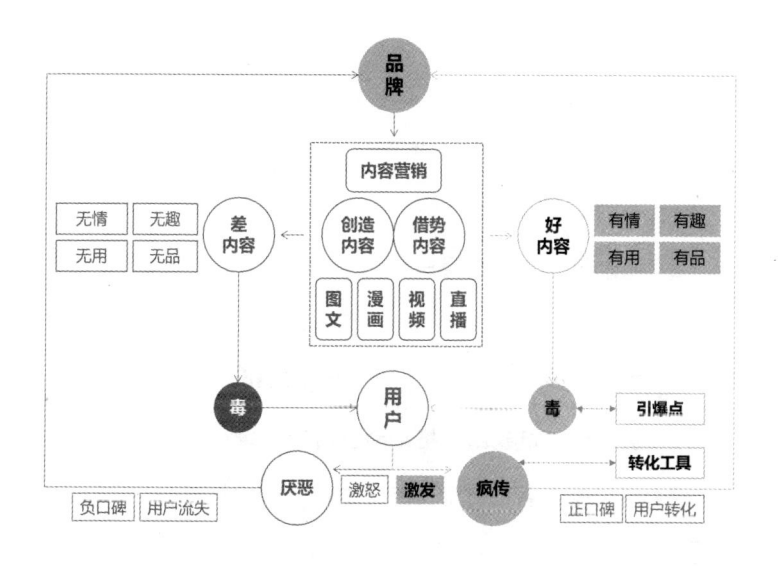

图3-8 内容营销总图谱

新品牌通过此传播超级增长方法论，在不断实践中，找到适合自身发展的成长路径。在超级增长之路上，除了用户、传播增长，渠道也尤为重要。社群、直播、短视频、新零售的出现，渠道该如何变化？下一章我们详细解读。

本章小结

1.为什么数字时代的传播可以引爆新品牌?

(1) 打通传播与渠道交易

(2) 精准锁定传播与用户

2.传播的变化下,如何推动新品牌超级增长?

(1) 选对传播增长路径推动新品牌超级增长

(2) 善用整合营销传播策略推动新品牌超级增长

3.新品牌传播超级增长方法论

(1) 好内容:有情、有趣、有用、有品

(2) 引爆点:关键人物、关键事件

(3) 转化工具:获客型转化工具与成交型转化工具

第四章

渠道：超级增长的成交方法

有一次我去参加商学院校友组织的戈壁挑战赛训练活动，作为一个初学跑者生怕装备不合适，在训练间隙向校友们请教，从头到脚被科普一遍应该买什么之后，我直接用以图搜同款功能便在电商平台找到了同款商品，当即下单，等到商家发货、我收到货确认没问题即交易完成。整个交易过程中，我无需到任何线下零售门店，因为在社交活动中，通过兴趣话题、关键意见领袖推荐，即可产生购买行为，而那一刻某些品牌主的渠道也就被"拉进"了兴趣社交组织。随着5G、物联网、VR（虚拟现实）等技术的发展与应用普及，或许以后就不需要通过手机拍照搜同款，走在路上看到穿搭时髦的路人，眼睛一眨就可以通过智能眼镜完成下单行为了。

在抖音上有一个账号叫"霞湖世家"，主理人是一家服装工厂的老板郭长棋，截至2021年4月，这个抖音账号粉丝有245万，它在2021年3月一共直播了40场，直播销售额达3008万元。直播这一渠道的出现，使更多工厂开启自播模式。

另外，2020年11月在纽交所上市的完美日记，公开财报显示其母公司逸仙电商的2020年营收达52.3亿元，较上年同期的30.3亿元增长72.6%；元气森林2020年业绩同比增长约270%，全年销量达30亿元，2021年新一轮估值达60亿美元……如果我们仅看这些新品牌的销售规模，较传统品牌还是有一定距离的，比如雅诗兰黛2020财年销售额为142.9亿美元，红牛（中国）2020年销售额超过228亿元（截至12月24日）。然而那些仅仅花了三五年时间便快速成长起来的新品牌，能够备受资本市场追捧的原因，是它们发现了用户新需求，用了截然不同的打法，开辟了新渠道，实现销售规模与品牌的快速增长。

零售领域通常讲"人、货、场"，不同的"场"联结"人"与"货"的效率不同，效率越高零售能力越强、渠道的交易成本越低，交易结构也就越简单。而近年火爆的新零售，其核心就是提升交易效率，从产品研发到商品流通，从企业端到用户端的接触点在不断缩减。比如，各大品牌开始通过网红直播带货、店播（厂家直播、门店导购直播）等方式直面消费者，通过直播的手机屏幕让一家小服装店可以快速找到全国乃至全球用户，渠道的半径从几千米跨越千万千米。互联网、移动互联网的出现，使企业从单一渠道运营模式变为全渠道运营模式。在线上线下打通的全渠道运营模式中，以大数据精准推荐技术帮助企业用最有效的方法联结最需要的消费者，从公域流量到私域流量，从线下门店渠道到线上电商（达人）渠道，交易的

第四章　渠道：超级增长的成交方法

发生变得随时随地、无处不在。

1863年，第一条连接美国东海岸与西海岸的太平洋大铁路开始修建。因为铁路的出现，一位曾经名不见经传的铁路工人——理查德·西尔斯（Richard Warren Sears）发现了机会，通过"铁路+邮购目录"的方式创建了一个高效率的零售渠道。他就是著名的西尔斯公司创始人，在那个年代成为当之无愧的美国"零售之王"，这个纪录直到1989年才被沃尔玛打破。而沃尔玛创造的小镇战略，以"公路+小镇大超市"构成了独特的渠道策略，在这个策略中，汽车的普及与公路的连通成为沃尔玛成功的关键因素，这是天时与地利。当然同时期冰箱、电视机在美国的增长也成了助推器，人们逐渐习惯通过看电视了解到更多知名品牌，然后在周末到小镇沃尔玛买回一周的食物、日用品（人们发现同样的品牌，沃尔玛会更便宜），再放进家里的冰箱。消费习惯的养成让沃尔玛成为更多人生活的一部分，公路与汽车的出现让人与物的联结效率更高，公路、汽车、小镇就构成了沃尔玛独特的"场"。再到后来互联网出现，诞生了亚马逊、淘宝、天猫、京东、微信、抖音、快手、盒马鲜生……不论是平台，还是新业态，新渠道的出现大大加快了新品牌的超级增长。

近些年实现超级增长的新品牌，如蕉内、王饱饱、三顿半、三只松鼠等，发展初期均以线上渠道为主，天猫开店、抖音快手直播带货、小红书种草带货、微信+电商……发展几年后品牌逐渐成熟，便开始加快线下渠道布局。

第一章中"新渠道"部分阐述了"单渠道、多渠道、跨渠道、全渠道"的渠道发展过程，本章我们重点讨论的是：

➢ 数字时代渠道思维如何升级进化？
➢ 渠道如何推动新品牌实现超级增长？
➢ 新品牌渠道超级增长方法论。

数字时代渠道思维如何升级进化

渠道（channel）通常指水渠、沟渠，是水流的通道，但现在被引入商业领域，全称为分销渠道（place）。在麦卡锡提出的"4P"营销组合——产品（product）、价格（price）、渠道（place）、促销（promotion）中，"place"被中文翻译为"渠道"，在传统时代，包括有具体场所的门店、商场、超市等，而在数字时代，包括短视频、直播达人、网红、社群等，实际上，此时的英文对应"channel"（途径、渠道、通道）会更适合。

从商品流通路线看，生产者到消费者之间会经过不同级别的经销商、代理商。不同层级也构成了不同企业的渠道网络差异，一般情况下层级结构如下：

第四章　渠道：超级增长的成交方法

表4-1　渠道结构

渠道层级	渠道结构（商品流通路线）
0级	生产者（品牌）→消费者（用户）
1级	生产者（品牌）→零售商→消费者（用户）
2级	生产者（品牌）→批发商→零售商→消费者（用户）
3级	生产者（品牌）→代理商→批发商→零售商→消费者（用户）

每个渠道层级的增加，必然会对商品进行"层层加价"，最终消费者可能买到的商品已经是生产者出厂价格的10倍、20倍、30倍……这中间加价的原因是流通环节带来的交易成本增加，这些成本包括物流成本、仓储成本、人员成本，还有每一层级都要增加各自的利润，商品价格自然会随之逐级递增。那么，为什么品牌（生产者）还要选择多层级渠道结构模式？

第一，效率。企业要自建渠道、自建零售终端，在全国乃至全球铺设渠道网，需要耗费很多时间，选择成熟的代理商合作效率会更高。

第二，成本。渠道建设成本、人员成本、日常运营等成本对于很多企业来讲是较大的支出，尤其初创品牌的资金都花在产品研发和市场营销方面了，就很难支撑直营门店渠道的建设与扩张，对于这些品牌来说，与代理商进行渠道合作反而变成了优选。

在信息不对称的时代，用户对渠道的选择相对单一，然而当互联网出现，用户有了新的可选渠道，尤其在交易、支付、评价等功能出现后，商品流通的效率加快了。过去我们要买手机、电视机需要到商场选择和购买，如今在电商平台可以通过搜索，输入品牌、型号，查看销量、价格以及更多筛选维度选购心仪产品，大大提高了用户的交易效率，也同时降低了交易成本。之前用户需要到A商场、B商场等多个渠道进行商品比较，如果需要乘坐交通工具，交通上还要花钱，同时整个购买行为经历了数个小时，可如今几分钟就可能选到合适的商品。从品牌端到用户端，打破了过去渠道信息不对称的交易沟堑，人们可以通过更便捷的网络工具搜索查询、实现下单转化。那么问题来了，互联网颠覆了传统渠道吗？数字时代就不需要代理商、经销商了吗？

可以毫不犹豫回答：显然不是。

互联网从来不生产一支笔、一部手机、一双鞋子……

但是互联网可以帮助最好的生产者（品牌）用最有效的方式联结最需要的消费者（用户）。互联网不是颠覆传统渠道，而是改造渠道，因为互联网的出现，用户端会反向主动寻找"货"，或者"货"主动寻找适合的人（用户），而不是人们被动地等待"货"的出现。就如同上面买手机的例子一般，互联网让交易结构改变、交易成本降低、交易效率提升。

如果总结渠道发展的阶段，可以将其大体分为三个阶段：

第四章 渠道：超级增长的成交方法

渠道1.0：渠道为王。

此阶段特点是企业负责生产，代理商、经销商负责卖货，很多生产者（品牌）重点在做招商，运营、维护代理商成为品牌的工作重点，至于用户是谁，很多品牌则很难了解，用户的信息很难反馈给品牌。那个时代的品牌可以被称为"有经销商"的品牌。在以产品导向为主，媒介形式、终端渠道单一的时代里，此渠道模式属于主流。

渠道2.0：品牌为王。

此阶段企业不仅仅负责生产产品，还要负责打造品牌，比如在广播、电视、户外等媒体投放广告，通过明星代言等营销活动推动品牌建设，而代理商、经销商负责卖货，此阶段的代理商在选择合作企业时，重点会看"品牌+产品"，也就是会关注所合作的品牌是否有知名度。此阶段的竞争相对激烈，尤其在20世纪90年代，出现的"电视+超市"模式推动了众多新品牌的超级增长、一炮而红，比如脑白金就是典型——其通过中秋、春节等节日在全国地方电视台投放广告，在超市不断进行商品促销，让很多人到现在逢年过节消费礼品、孝敬长辈时都会想到该品牌。当然也有反面例子，比如"一代标王"秦池古酒，通过电视广告不断曝光，看似品牌知名度快速提升了，但是产能不足、产品力弱，以及媒体曝光勾兑酒事件等，使得企业快速陷入危机。"品牌+产品"不能是品牌强、产品弱的局面，而是要两者皆强，否则很容易重蹈秦池覆辙。

渠道3.0：数字为王。

当人们已经生活在互联网、移动互联网中，日常消费、出行、娱乐、阅读、社交等场景都离不开数字技术，线下与线上的边界越来越模糊，比如我们去便利店消费选购时属于线下购物场景，用手机领优惠券并进行支付时就属于线上场景了。在数字时代，企业负责数字赋能，主要是进行企业前中后台的数字化建设，而经销商们不只是卖货，也需要在渠道数字化运营方面发力。

在第一章"新渠道"部分中，我们讲到了从单渠道、多渠道、跨渠道发展到全渠道，而全渠道就是指数字时代的渠道思维，即指通过数据挖掘、数据识别，进行线上线下的数据匹配，实现销售转化。然而全渠道思维也在不断进化，并非理解为"全部渠道"这一字面意思，而是应该理解为用户全流程（人）、产品全生命周期（货）、购物体验全场景（场）的多维度的整合思维。如今的全渠道思维可以理解为数字化全渠道。

实体店铺时代　　　多个单渠道组合　　　数据时代多渠道整合　　　数字化
单渠道 ⇨ **多渠道** ⇨ **跨渠道** ⇨ **全渠道**

图4-1　渠道模式进化

第四章 渠道：超级增长的成交方法

渠道3.0阶段的数字化全渠道思维在"人货场"三个维度发生了变化，即渠道互动化（人）、渠道在线化（货）、渠道近场化（场）。

渠道互动化：人

品牌与用户的互动：即品牌主动建立社会化自媒体矩阵。一般品牌会主动选择适合自身目标用户群的平台深度运营，比如在微信、微博、抖音、快手、B站等。目前很多企业的自媒体账号不仅仅是品牌阵地，同时也是销售渠道，通过内容与用户进行互动，效率更高，用户好感度更强。

店员、关键意见领袖与用户的互动：在第二章讲到社群部分时，分享了完美日记建立粉丝社群，通过私域流量运营增强用户黏性的案例，它的新品上市、活动促销、用户关怀等都会通过社群乃至一对一沟通，增进与用户的情感联结，这对销售转化也更有效。

===== 案例 =====

特步零售渠道互动化数字升级

当用户在特步门店（零售终端）购买商品时，通过导购邀请扫描其专属二维码（导购客户端生成），之后成为特步会员，这名导购就成为该用户的专属客服，导购可以通过导购客户端管理运营会员（打标签、推送内容等），并与会员成为好友。

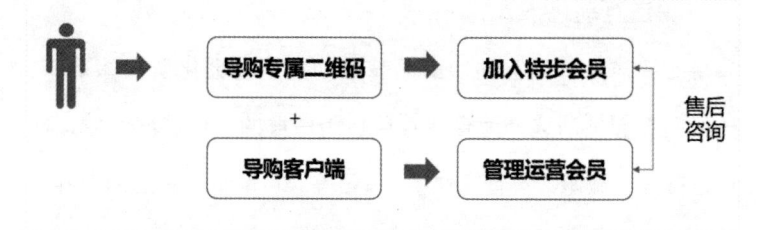

图 4-2　特步零售渠道用户流程

2018年3月—2019年3月，特步有1万多名店员连上了智能导购系统，线下会员迅速突破千万，会员增速差不多是以前的两倍。2018年"双十一"，特步推出了一个线上发券、线下核销的活动，过去系统大规模推送的活动，转化率仅有0.16%，而通过店员一对一推送，成交率达到15%。因为店员与会员一对一互动之后，店员更了解自己运营、管理的会员情况，可有针对性地邀请、推送优惠券，比如大码鞋，一般门店需求少，店员可以精准邀请，提前备货，用户体验也大大提升，转化率自然提高。

第四章 渠道：超级增长的成交方法

数字时代，在更高效的管理平台、数据分析手段的帮助下，品牌与用户之间的互动对渠道的销售转化、复购均有促进作用。

渠道在线化：货

渠道在线化简单理解就是"货"的在线化。可能有人会说，把商品上传到网上不就是在线化了吗？这样的理解相对粗浅，过去传统电商就是把商品上传到电商平台上，等待用户搜索查找，属于"人找货"阶段；而社交电商时代，与兴趣相关的内容营销，让"货找人"模式开始流行。此时的"货"不仅仅是上传到网络那么简单，还需要实现对目标人群画像以及商品卖点的包装匹配，完成用户引导、购买转化。我们来梳理一下渠道在线化类型——

从"人找货"到"货找人"："货"的在线化，从过去单一网页的图片、文本介绍方式发展成为如今的通过视频方式，例如淘宝、天猫、拼多多等电商平台的商品页面都增加了直播通路，而抖音、快手等短视频、直播平台的直播间也都挂载着电商入口（购物车）。过去很多商品限于地域、产品属性，很难大规模流转，比如书画艺术领域，之前购买者都是艺术收藏爱好者，而如今在直播电商推动下，人人都有机会通过直播间找到喜欢的书画作品，且能实时互动，如观看艺术家现场创作等，艺术作品也因此从线下某个固定场景变得"实时在线"，不仅打破了艺术品的地理边界，同时也增强了用户的参与感、专属感。然而，艺术直播还算是小众，服装、美妆、食品快消、家居直播等均让"货"有了更大的展示空间，比如家居行业，线下样板间需要较大的占地面积，但也很难展示足够的产品组合，而现在可以根据用户需求，展示对应解决方案，并通过线上多样的内容呈现方式前置商品。尤其在新品牌成长初期，渠道在线化可以将商品功能、解决方案前置并精准推荐给潜在用户，通过需求的匹配实现精准的"货找人"。在社交网络中，拼多多通过微信群不断裂变砍价的模式也同样是"货找人"思维。

从"批量生产"到"个性定制"：因柔性供应链不断成熟，智能制造、黑灯工厂在上游给了品牌们强有力的支持保障，所以从用户下订单到工厂生产所有流程都已经实现在线化、智能化，尤其是服装、家电、快消等领域均得益于柔性供应链而大大提升了效率，从而实现从传统时代的"批量生产"到数字时代的"个性定制"的变迁。因为有柔性供应链在不同行业的成熟进化，就有机会实现更多小规模生产、个性定制的可能。传统时代是生产思维，生产者必须有足够的订单，才能进行大批量生产，之后再进入流通环节，这需要采购足够多的原材料才可以降低成本，但显然库存也会随之增加。而数字时代则是用户思维，用户感兴趣的是什么？有多少用户喜欢？这些都可以通过数据进行预判，再通过柔性供应链，匹配合适的工厂、流水线、设备，甚至一个用户可以远程完成一次个性定制，效率大大提升。比如只做T恤定制的"白小T"，即采用C2M（Customer-to-Manufacturer，用户直连制造）模式，将产品直接从制造商交到消费者手中。没有了品牌商代理费、广告费、店铺租金等一些环节，大大降低了产品售卖的价格，让所有消费者均可以以至优价格享受到大牌品质。

从"批量采购"到"按需组货"：传统时代各层级渠道之间采购往往实施的是"批量采购"模式，批发商会向代理商批量采购，代理商向生产者批量采购，层层递进时会乘以一个预估比例，比如批发商预计当地下个阶段会是销售旺季，就会多采购一些，反之就少采购。而预估的依据一方面是采购人员的专业经验，一方面是行业的常识，比如过去服装行业有些公司就会在渠道每层有20%的库存加量。然而渠道在线化之后，品牌方可以建立大数据组货模型，动态分析各区域市场，从而对货品在该市场的销量进行预判，同时也可以通过线上预售、社群团购、导购在线沟通等活动获取数据进行分析判断。这种"按需组货"的模式，会大大降低品牌方的库存风险，例如在李宁数字化转型进程中，依据大数据组货模型来优化门店铺货，使测试门店达到20%以上增长。

案例
优衣库的27000个搭配组合

优衣库的品牌理念是"Lifewear服适人生"。2015年优衣库推出了"27000个着装组合，足够74年每天搭配不重复、懂你身体的牛仔裤、你和好友的默契指数、热力觉醒"等以产品搭配组合为主的创意互动H5，通过大数据精准投放，在各大社交、搜索、资讯等平台推出，用户点击即可以选择适合自己的服饰方案完成线上"试穿"，之后可以领取相应的优惠券，同时被引导到线下门店消费。优衣库通过数字营销将渠道的"货"前置，实现"货找人"。

活动期间，优衣库微信、微博、官网等粉丝数量增长40%，"Lifewear服适人生"主力产品销售量增长30%，线下店铺客流增长达到40%，微信支付平均客单成交额增长35%。

优衣库渠道在线化的具体实施步骤：

步骤1——在线货品："人与货"打通。

步骤2——在线支付：无现金支付（移动支付）。

步骤3——在线库存：打通线上线下库存，线上下单，门店自提。"掌上旗舰店"可一键查询网店库存，用户到店购物只要通过手机扫描商品吊牌条形码即可查找到商品尺码、颜色等信息，可以24小时内跨省门店取货或自选时间快递上门。

步骤4——在线体验：推出门店"智能买手"个性化定制，沉淀用户数据。

渠道近场化：场

渠道离用户越来越近，这已然成为趋势。

每日优鲜创始人徐正提出"近场化"一词，并强调这是零售大趋势，这一趋势也在改变人们的消费习惯。另外，像宜家、沃尔玛等品牌也在改变原有门店渠道选址策略，比如沃尔玛过去选择开在小镇，现在也会进入城市；而宜家在2018年也首次选址市中心开店，同时改变提货方式——体验店部分商品不提供现场提货，而是会从配送中心发货。在中国，宜家不仅入驻了天猫，也推出了"IKEA宜家家居"App。宜家的渠道，不论线下还是线上，与用户的距离变得越来越"近"。

=== 案例 ===

星巴克的渠道近场化变革

有人说星巴克卖的不是咖啡，是生活方式，是场景体验，是第三空间。

也有人说星巴克是一家科技公司。

星巴克的数字化转型是一次典型的渠道近场化变革，比如：

（1）线上渠道：拉近线下门店距离

啡快：在App、小程序推出"啡快"自助下单产品品牌，用户可以在线点、到店取。

专星送：星巴克外卖服务品牌。

电商：星巴克门店渠道业务相关部分，相继布局了天猫旗舰店、饿了么星巴克专星送、支付宝小程序、微信公众号（小程序）等。另外，零售包装业务部分与雀巢合作，推出胶囊咖啡等快消化商品，在各大电商渠道销售。

（2）线下渠道

社区场景：从商业中心到社区店。2017年9月1日星巴克在广州番禺锦绣香江落户了第一家社区店，之后陆续在成都、郑州、天津、长沙等地推出社区体验店。从"写字楼下"到"你家门口"，渠道近场化的星巴克希望社区店成为社区住户的"客厅"，服务社区家庭，比如门店外有"宠物休息区"（拴狗狗牵引绳的位置、水槽、垫子等），同时用户也可以带着宠物进入门店，充分考虑遛着狗买咖啡的社区人群特点。

自助场景：我在一次出差上海时，在酒店正好体验了星巴克咖啡的自助服务。"品牌+产品+设备+独特场景"下，作为一名星巴克的忠实用户，如此近的距离没理由不喝一杯咖啡。这是由星巴克与雀巢合作推出的"We Proudly Serve 星巴克咖啡服务计划"，以服务式解决方案、自助式解决方案让此渠道距离目标用户更近，这摆脱了门店位置限制，使星巴克融入用户所在场景。"星巴克咖啡服务"适用于多种场景，高级酒店、办公室、影院、餐厅、俱乐部、名校图书馆、私立医院、机场候机厅等有餐饮许可的休闲场所，均可实现"星巴克咖啡服务"。

我们从渠道的"互动化、在线化、近场化"三个维度阐述了数字化全渠道思维下"人、货、场"的不断进化，而对于新品牌来说，全渠道思维不是告诉你盲目拓展更多渠道，而是应该通过数据分析，发现用户在哪里渠道就选择在哪里（近场化），同时建立用户沟通渠道、内容营销渠道（互动化），以实现直接销售转化，另外，适当的渠道前置（在线化），甚至可以成为新品牌差异化特色，比如个性定制产品等。

渠道如何推动新品牌超级增长

在当前渠道思维不断进化的时代，新品牌要结合自身发展的不同阶段制定渠道战略，在进入渠道3.0——数字化全渠道阶段后，也越来越强调品牌对于渠道的精细化运营能力。渠道销售额的增长是挖掘每一个渠道和产品的销售潜力、精细化运营用户决策流程的结果，而不是依靠简单粗暴地增加新渠道、新产品的增长策略——这一策略是投入、是风险。尤其对于从0到1阶段的新品牌来说，更适合专注某一个渠道，打造超级产品，做用户运营。

新品牌制定渠道策略时，需要从四个维度思考，即渠道拓展（买得到）、渠道运营（卖得快）、渠道促销（卖得多）、渠道管理（卖得好）。

渠道拓展：买得到

渠道拓展重点是从目标用户视角思考渠道布局策略，如何让用户更便捷地"买得到"才是根本。渠道拓展相当于渠道战略，即一个新品牌选择将新产品卖给哪类用户群，本质上是用户在哪里就应该在哪里建立销售渠道。

前文多次提到传统媒体时代"电视+超市"的营销组合打法，通过广覆盖的广告投放，打造知名度，之后通过地面大规模超市渠道拓展覆盖；一般是先进入渠道再投放广告，用户看到之后直接可以走进超市购买。然而在渠道2.0"品牌为王"阶段，就需要品牌先做广告，代理商才愿意合作，一段时间（看渠道效率）后才可以在终端见到商品，如此空档时间会对转化造成不必要的浪费。曾有某知名快消品牌推出新产品，在某档著名电视节目植入广告后，产品"一炮而红"，但我在看过节目之后一段时间里在超市都没有看到该商品，原因可能有二：一则推广先行，产能不行；二则推广覆盖强，渠道覆盖弱。

当进入渠道3.0数字全渠道阶段时，新品牌再选择渠道开拓就没有那么难了，有了以往没有的电商、直播、社群等渠道可选。我在几年前参与创立的某儿童零食品牌，在初创期就是选择以"微信公众号+社群+有赞"为渠道主阵地，第二年才进入淘宝等平台。

之前与一个美妆创业者交流，他提到有关自己创业项目渠道拓展的选择时，他的思路是：

表4-2 某创业项目不同阶段渠道拓展节奏

阶段	渠道拓展节奏	目的	年销售目标
0到1	微信公众号+社群+有赞 （积累种子用户，进行产品测试，获取口碑，调整优化产品）	用户	0
1到10	小红书+抖音 红人种草，直播带货	超级产品	从0到千万级
10到100	京东+天猫	增长	千万级到亿级
100到N	线下	增长	亿级到十亿级

这个渠道拓展规划符合此创业者的现状与团队特点，在目标设定方面也是充分考虑了不同平台的特点。目前社交电商中已经存在了年销售规模亿级、十亿级的品牌，而很多"夫妻店"通过直播带货年销售额也可以达到千万级，所以他计划当渠道达到千万级别销售规模时，团队能力与供应链水平也在提升，就需要找到更大的渠道，自己的品牌也有实力进入新渠道去竞争。

这位创业者的思路并非标准模板，不同新品牌之间都有自身能力和资源实力的差异，同时每个渠道都有自身差异化特点，比如京东的3C数码、当当的图书、小红书的美妆、拼多多的农产品……尽管各大平台都在强调全品类发展，但事实上每个平台都有自身优势、自身基因的差异。

渠道拓展核心就是如何让用户"买得到"，而新品牌们在渠道拓展选择方面会有三种可能：

（1）优势能力拓展法：根据自身优势能力拓展，如新品牌创始人、核心团队善于天猫运营，对流量获取、大促活动、官方规则熟悉，往往团队会优先选择该渠道。

（2）目标用户拓展法：基于目标用户在哪里而选择渠道的方法。如新品牌定位产品服务于某类细分人群，那么在渠道选择上就优先考虑用户在哪里而不是团队能力。例如我参与的儿童零食品牌就是运用此类方法，重点选择了与母婴社区、社群、自媒体等渠道合作。

（3）整合运营拓展法：对于传统品牌升级推出新品牌，或者新品牌初创期团队成熟、资金充裕的情况下，进行多个渠道的整合。当前不同渠道的消费用户群体并不完全重叠，很多人是习惯在自己熟悉的渠道进行消费的。不同渠道拓展布局，要学会利用渠道特点与优势，比如天猫有精准的购物人群、丰富的促销活动、成熟的电商运营玩法等，新品牌发展阶段通过流量运营就可以获得客户，之后就可以通过私域流量、社群运营方式对用户进行深度运营服务，提升用户转化、复购能力。

渠道运营：卖得快

渠道运营需要考虑"人、货、场"整体运营效率，如何让"人"与"货"的匹配效率更高，渠道的联结与运营就显得尤为重要。

过去我们常常看到很多零售终端会显示售罄，甚至很多商家会以售罄作为噱头来证明产品热销，如果仅仅是一次营销事件也就罢了，若是日常渠道运营中，经常出现售罄现象，就证明该商家的渠道运营能力不足，对用户需求把握、产品供应链掌控较弱。用户兴冲冲地赶到商店购买某个商品，却被告知没有了，只有两种选择，一是买其他替代商品，二是出门到另外一家店购买，久而久之，用户会选择离开。传统时代对于渠道人员能力要求较高，需要对人与货进行预判，同时及时调整价格、促销活动以保证商品"卖得快"，尤其是临期商品。但在数字时代，渠道运营可以通过各种方式方法提升运营效率，让人与货高效联结，具体策略如下：

渠道用户运营

新品牌对于用户进入渠道、产生转化、分享、复购行为，可以通过系列运营方法与工具进行渠道用户运营，具体可分为五大类，即渠道用户拉新运营、渠道用户分层精细化运营、渠道VIP用户专属运营、渠道用户促活运营、渠道用户复购运营。

（1）渠道用户拉新运营：拉新是用户运营的永恒话题，在本书用户章节也反复强调，此处重点讨论对于新品牌不同渠道拉新的方式方法，比如——

线下传单：对于线下餐饮、健身、培训机构等，针对商圈范围内人流发放传单是拉新获客方式，但是针对传统传单也可以进行运营优化，一般发传单转化率为0.3%~0.5%，也就是10000张传单转化30~50个用户，如果增加代金券、小赠品等，可将转化率提升到0.8%~1%。在某外卖App推广初期，6个数据运营小组在北京某小区发了4个月传单，建立了发传单数据模型：什么时间发、什么地点发、获客成本、收支平衡点等，通过不断优化测试最终实现发传单转化率20%（测试期间100张传单实现拉新转化20个用户）。

裂变增长：指不论是线上还是线下渠道中，激发用户通过自身关系链邀请更多好友加入。通过裂变方式促进销售增长，是常见的一种渠道拉新运营方法。在第一章中我们分享了连咖啡通过微信裂变口袋咖啡馆活动，一夜之间新增52万家"门店"，销售也随之增长。之前在服务佳沃时，我为佳沃蓝莓提出了"人品大考验，请我吃蓝莓"的微信卖萌众筹蓝莓活动创意。这一活动应该算是最早的裂变增长活动之一，为此也入选了微信智慧超市解决方案。[1]其活动玩法就是通过朋友圈、微信群裂变分享，用户通过好友赞助支持最终才可以"吃到蓝莓"（购买）。此活动不仅带来佳沃电商用户增长，同时也令此次众筹活动的"头茬蓝莓"的销量大增。

（2）渠道用户分层精细化运营：在各类渠道中会出现不同类型的用户，而用户有理性用户、感性用户之分，可以针对不同用户群进行精准营销，不仅效率提升，成本也大大降低，所以根据不同用户群进行标签化分层分群的"渠道用户分层精细化运营"就尤为重要。比如之前我在参与某电商平台会员营销

---

[1] 此方案为微信官方发布，链接http://act.weixin.qq.com/static/merchant/project_offline_chaoshi.html。

项目时，通过平台数据分析发现，有一类用户打开页面后停留时间较长，分析判断为该类用户的这段停留时间可能是在跳出至其他平台进行比价，如果能够在用户所打开的页面就已经做好该商品与其他平台的比价，很可能可以避免用户离开去比价。之后对不同类型用户群进行分群归类，针对性推出活动，以价格、优惠、各平台比价等信息为特点做了活动专题页面，通过精准投放给目标用户群，转化率大大提升，同时比传统广告营销也节省了大量的费用。

（3）渠道VIP用户专属运营：渠道VIP用户专属运营也属于用户分层精细化运营部分，专门单列详细分析的原因是目前很多新品牌已经将此渠道用户运营方法变成了超级增长的必要方法，甚至变成了商业模式。渠道VIP用户专属运营是通过设置VIP会员、专属客服服务、特权、会员专区、会员活动、会员商品等，挖掘核心用户群，通过公域流量到私域流量的深度运营提高消费频次，增加用户好感度。如某个品牌在某电商平台开店，用户购买商品后，客服邀请其成为VIP会员，并导流到"微信公众号+小程序+微信社群"。用户成为VIP会员后可选择直接在小程序下单，产品规格变成更大包装，因为愿意付费成为会员的用户，不仅喜欢这一产品，也钟爱其品牌，还会经常使用，购买大包装更划算。

（4）渠道用户促活运营：在新品牌的不同渠道中，需要通

第四章 渠道：超级增长的成交方法

过运营不断促进用户活跃度，而活跃度增加的同时也就自然带来更多销售转化的机会。促活方式有通过内容促活、活动促活等。京东、淘宝、拼多多等均有签到、游戏等促进用户活跃的活动，激发人们每天都参与其中，并获得奖励。对于新品牌来说，可以通过私域流量社群进行红包促活、设置话题互动促活等，对参与其中的用户奖励产品或者优惠券，可以大大增加参与者及围观者的消费意愿。

比如某水果店主建立了一个会员微信群，每晚店主会在群里发3~5元的红包，数量30个，手气最佳的可得一瓶酸奶、一盒草莓、一盒蓝莓等。这个"每晚红包"就成为该水果店线上渠道运营促活的固定活动，会员们也养成了每晚等待抢红包的习惯，不仅促进了微信群（线上渠道）活跃度，也实现了线下引流。

（5）**渠道用户复购运营**：在各类渠道中，可以通过充值赠券、会员制、用户活动等复购运营来提升用户消费频次。

充值赠券：不论是实物电商、餐饮外卖、线下商业，用户消费之后都可以获赠一定金额的优惠券，但当智能手机越来越普及之后，电子优惠券远比纸质优惠券效果更好：一是可以绑定到微信会员卡、公众号等平台，进行消费扣减；二是绑定会员可以进行线上提醒。我在一次给汽车加油时，被充值赠券活动打动，充值后获赠了300元加油券，每次加油可以使用1张10

元优惠券，因为这个券，每次在车没油时，我都会首选这家加油站。

会员制：通过给用户一种身份特权，让人们对身份产生依赖，从而锁定用户消费行为。Costco（开市客）、沃尔玛山姆会员店都是用会员制模式建立渠道用户复购运营的典范，前文渠道VIP用户专属运营部分也有讲述此模式。

用户活动：通过粉丝活动、粉丝节日、会员日等活动对用户进行专属运营，不仅促进VIP用户增长，也提升了用户好感度。比如小米米粉节、淘宝88会员节、盒马鲜生周二会员日88折优惠等。

渠道产品运营

渠道产品运营，是指通过运营产品（货）在渠道的组合、流转，从而促进销售增长。常见方法如下——

产品组合运营：20世纪90年代早期，沃尔玛通过大数据分析消费者购物行为时发现，男性顾客在购买婴儿尿片时，常常会顺便搭配几瓶啤酒来犒劳自己，于是尝试推出了将啤酒和尿布摆在一起的促销手段，没想到这个举措居然使尿片和啤酒的销量都大幅增长。"纸尿裤+啤酒"的产品组合运营模式给了很多品牌渠道运营启发，通过产品关联组合推动销售增长。当然使用此策略也要去分析不同地域用户差异，比如在中国购买纸尿裤的主要是妈妈人群。因地制宜、因人而异是产品运营的最佳策略。

产品决策运营：在渠道中如何加快用户消费决策呢？假如你购买一件衣服，犹豫不决时，渠道方用什么方法能推动你下单购买呢？一般线下可以通过导购，线上可以通过客服，而两者的专业力、亲和力会影响用户对产品的决策判断。目前线下导购正在从推销型导购转变为专家型导购，不仅能够为用户提供针对性建议，同时也避免过度推销打扰用户，在提升转化同时用户购物体验也大大增强。比如一些美妆品牌导购变身美妆达人、美容专家，服装品牌导购变身搭配专家，通过线上线下"社群+直播"方式进行专业化建议，大大提升了用户决策转化效率，销量也随之增长。

另外，在线下门店渠道中，也可以增加互动装置，比如2015年，优衣库在澳大利亚推出Umood智能选衣系统，可根据顾客情绪推荐服装款式和颜色。2017年，优衣库在中国的100家门店投放LED智能终端"智能买手"与消费者近距离互动，经其内部测试，一台终端机可提升门店15%的购物转化率，互动效率更是达到了传统媒介的4～5倍。

渠道促销：卖得多

在当下，各大渠道常常通过五花八门的促销活动，吸引用户参与其中，其目的就是让渠道的商品"卖得多"。而在买赠、满减、折扣等各类促销玩法下，我们消费者常常可能为了某一个优惠促销政策，而又买下了某个商品。想一想作为用户的我们，在购物时的场景：

在超市选购酸奶时，看到了"买3送1"的××品牌，你选择了它；

原本没有列进购物清单的××果汁，其瓶身的文案竟然拼成了一句话，瞬间共鸣，此刻你毫不犹豫买下了12瓶果汁；

早上起床时，手机显示有一条提醒"××咖啡券今天到期"，你去办公室的路上顺便在那家便利店用优惠券买了杯咖啡；

…………

在促销玩法上，可以考虑换购、折扣、降价、低价等促销方式，一般在促销中多以价格的数字变化令用户通过比例计算感知划算、便宜。此特点在消费者行为学中被称为"比例偏见"。比例偏见的意思是人们更加倾向于考虑比例或者倍率的变化，也就是说，人们对比例的感知，比对数值本身的感知更加敏感。比较常见的促销方式，如下：

换购

不论是我们去超市还是在网上购买商品，经常会看到一些促销换购的政策，有很多时候我们会心动，这在于换购商品的价值匹配高、价格设定带给你的比例冲击更大。比如我在某线上药店购买一个30元的药品，被提醒再购买9元，就有机会1元换购，看了一下换购产品，很多原价是8~9元，于是又购买了一件商品，以获取换购资格。

折扣

常见一些商品打折，标着9折、8折、5折……你去买一个2元商品，告诉你减1元，不如折扣50%更有冲击力。在写法上50和1的比例感受不同。

降价

对于客单价高的商品，商家更愿意用降价（满减、优惠券）等方式进行促销，比如某电视品牌在京东销售一款3599元的电视，满3000减300，实际这台电视是以3299元销售给顾客。

低价

在渠道促销时，可以策划一个低价爆款产品（或产品组合）用于引流。

比如火锅品牌"井格"推出了一个活动，只要花38元就可以买到"300瓶啤酒+200扎饮料"，这38与"300+200"的比例马上就可以让用户感知到划算，购买者众多。一次去重庆出差，当地朋友就带我吃了井格，选择这家店的理由就是他买了38元的这个活动产品。当然活动是有时间限制和每次消费规则的。

有人说模仿这个促销餐厅也可以赠送用户10瓶免费啤酒，未来每次能使用1瓶，这样真的可以吗？前景理论表示人们在面对得失时的风险偏好行为不一致，在面对"失"时倾向风险追求，而面对"得"时却表现得风险规避。如果是免费赠送10瓶啤酒，用户感知可能会是"可有可无，不去也没有损失"，这就是面对"得"的风险规避。然而用户一旦付了38元，感知就不同了，花钱之后用户会"提醒"自己消费，这就是面对"失"的风险追求。另外，"300瓶啤酒+200扎饮料"的产品组合，也很容易促成聚餐型消费（人多才能喝完），人越多吃火锅的其他消费带来的销售增长就越高。

第四章　渠道：超级增长的成交方法

渠道管理：卖得好

一旦涉及多层级渠道，很可能面临渠道冲突，作为品牌方如何管理协调各渠道、组织统一活动、激励渠道成员，以及做好进入与退出管理等，至关重要。有效的渠道管理，会让新品牌成长更快。"卖得好"不仅体现在销售规模增长，组织管理水平高更是业务发展的良性体现。

总之，渠道卖得好，管理少不了！

为此，我总结出了"渠道管理三分法则"（分权、分钱、分工），供参考：

分权：传统渠道模式以代理、经销、加盟等方式为主，渠道商交保证金、加盟费、货款，与品牌方之间就是资金与商品的交易。而当下更多品牌方采取与渠道联营、股权合作，即使很多品牌自营，也采用"全民持股"等方式，通过股权激励模式设计，让有能力的人参与管理，拥有一定数额的股份，从打工者心态转变为创业者心态。

分钱：奖金、福利、分红等激励措施让参与其中的所有员工更有动力，比如海尔提出的"人单合一"，就是以薪酬驱动的方式变革企业，一个产品（项目）从生产研发到销售流通，每个环节中创造价值的员工都能获得相应的收益。

分工：分工体现在两个方面，一个是指品牌方与渠道商之间的分工；另一个是指渠道员工岗位职责分工，比如目前直播间有主播、副播、助理、场控、策划、BD（商务）、运营、拍摄剪辑、客服及售后等，专业分工、流程化管理，渠道运营、促销时才能运筹帷幄。

案例

名创优品的联营渠道管理模式

2013年名创优品成立，2020年10月15日正式在纽交所敲钟上市。名创优品主要售卖的是日用生活小商品，如化妆品、小饰品、零食、箱包、生活用具、小型电子产品等。截至2020年12月31日，名创优品在全球构建了4514家门店的零售网络。其主要渠道管理模式以联营机制为核心，有别于传统加盟，前者是赋能思维，后者是博弈思维。让我们一起来看看名创优品联营机制包括什么？

零库存联营（分权、分工）：传统加盟中，加盟商在交了保证金、加盟费后，库存是自己的；而零库存联营是指所有库存风险都由名创优品总部一并承担。

第四章　渠道：超级增长的成交方法

联营分钱机制（分钱）：货品销售额62%归总部所有，38%归投资方所有。其中，投资方扣除水、电、租金、人工费之后，基本上还能盈利12%~15%（食品、饮料类低利润产品，总部拿68%，投资方拿32%）。

天天分钱机制（分钱）：传统渠道中，终端人才招募、管理都是令企业头疼的问题，好不容易培养了人，却留不住。而另一端员工也面临一旦辞职，可能工资和提成会被扣掉一部分。名创优品采取天天分钱机制，月工资改为按天发，对于员工来说，每天分钱的感觉和每月分钱的感觉必定截然不同。

案例

喜家德的358合伙制渠道管理模式

2002年创立的喜家德水饺，截至2021年，全国有700家门店。只做5种水饺，主推虾仁水饺，首创"一字"包法（这种包法可以让人在吃饺子时看到馅料，让美味看得到），建立中央厨房统一配送……不断创新的喜家德从东北鹤岗小城走向全国，除了以上产品、模式的创新，在连锁经营的路上，喜家德探索出的"358模式"是推动其超级增长的核心驱动机制。

3就是3%：即所有考核成绩排名靠前的店长，可以获得

3%干股收益，这部分不用投资，是完完全全的分红。

5就是5%：如果店长培养出新店长，并符合考评标准，就有机会接新店，成为小区经理，可以在新店入股5%。

8就是8%：如果一名店长培养出了5名店长，成为区域经理，并符合考评标准，再开新店，可以在新店投资入股8%。

另外还有"20"，就是20%：如果店长成为片区经理，可以独立负责选址经营，此时就可以获得新店投资入股20%的权利。这种方式极大地调动了店长培养人的积极性。并且店长与新店长之间，利益相关，沟通成本极低。

公司职能管理层股份激励：也根据不同的层级设定考核标准，达成考核标准，即可参股新店获得投资收益，占比大概2%~5%。

对于很多新品牌来说，可能不存在加盟或者联营模式，但是在管理各个渠道团队、产品运营、价格调控、渠道统一活动管理以及相应激励机制等方面需要结合自身行业、企业特点勇于创新，尤其在与数字化结合之后，渠道管理更透明更智能。

第四章 渠道：超级增长的成交方法

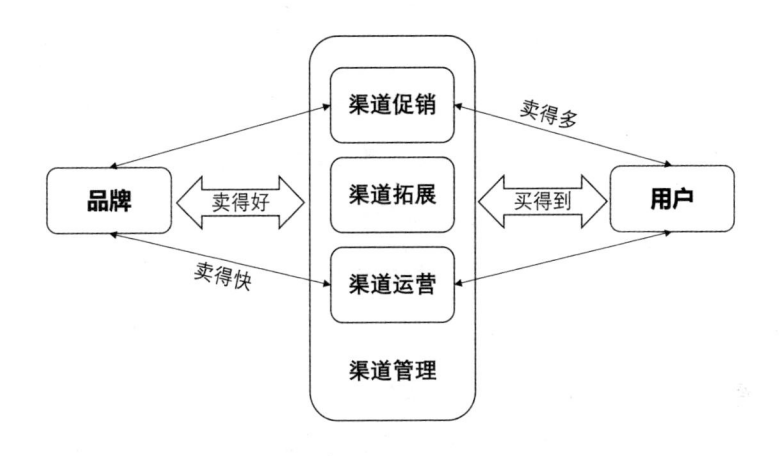

图 4-3　渠道策略四大维度逻辑图

"渠道如何推动新品牌超级增长"这个问题的答案，首先就是要让用户"买得到"，也就是渠道拓展；之后当用户进入渠道，商品也在渠道中时，商家如何"卖得快""卖得多"，渠道运营与渠道促销就尤为重要，而在整个过程里保障新品牌的渠道健康成长，就是要"卖得好"，渠道管理是基础。

新品牌渠道超级增长方法论

在本书第二章、第三章中我分别阐述了新品牌超级增长方法论的用户与传播部分，本章讲渠道部分；在前两节中我分析了渠道思维与渠道策略，本节重点讲渠道增长。谈到渠道增长，一般企业负责人就会想到增加渠道数量（渠道拓展）、增加促销人员与促销力度（渠道促销）。比如有创始人与我交流关于未来的增长计划，3~5年渠道数量翻三倍，业绩也要翻三倍。当然在这个目标下会加大渠道拓展力度，提高运营、管理能力等。但在互联网界、金融界有一组概念，线性增长与指数型增长，成倍增长就是线性增长，爆发式增长就是指数型增长，巴菲特的复利法则就是指数型增长的代表，他有一句名言："人生就像滚雪球，重要的是发现很湿的雪和很长的坡。"在金融理财时，成熟的理财师或者投资人都会建议人们做好资产配置、投资组合，储蓄、保险、股票、基金（指数基金、货币基金）、债券等，依照各自能力进行组合。在新品牌构建渠道增长时，我的建议类似资产配置、投资组合，也就是"线性增长+指数型增长"渠道组合方法，为此我梳理了新品牌渠道增长方法论：

渠道增长加减法（3加1减）

渠道加法：+超级产品

渠道加法：+数字

渠道加法：+关键意见领袖（KOL）

渠道减法：－去中间化

第四章 渠道：超级增长的成交方法

渠道加法：+超级产品

2015年，小米米粉节推出了一款带有USB插口的插线板，在外观设计和功能上完全有别于传统插线板。这款插线板一经推出就成为超级产品，公开数据统计，推出当天这款插线板销量为24.7万只，上市3个月销量突破100万只，两年销量750万只。

2016年，优衣库UT系列和艺术家KAWS合作推出联名款T恤，4月25日开售第一天，优衣库网络旗舰店3分钟热门款售罄，北京三里屯店排队超过24小时，开售一周在中国卖出了58万件；2019年再度合作联名款T恤，发售当天0点刚过一秒，优衣库天猫店的联名T恤基本已被抢售一空。

2019年3月，完美日记探险家十二色眼影上线。把动物之美做成美妆产品的创意，令消费者备感惊艳，首发当日即售罄，平均每秒卖出48盘，创下了天猫眼影品类的首发纪录。

2019年2月26日，售价199元的星巴克猫爪杯发售，有人愿意以3倍的价格购买，仍一杯难求，有人甚至在星巴克门外搭起了帐篷。

…………

"渠道+产品"模式　　✗
传统时代

"渠道+超级产品"模式　　✓
数字时代

图4-4　数字时代渠道模式变化

传统时代的渠道模式是"渠道+产品"模式，渠道为王的时代，品牌只要有渠道的覆盖能力、足够多的促销人员、大量的促销活动等。在渠道强势的"话语权"下，用户端没有太多可选产品时，这个模式是可行的。然而目前阶段是如果仅仅把一个平常的产品放在渠道，即使有人路过也未必有吸引力，何况都未必到达某些渠道。数字时代的渠道模式是"渠道+超级产品"模式，数字为王的时代，让我们更清晰了解用户，更便捷触达用户、运营用户，而超级产品在渠道的作用，首先是自带流量属性！

在渠道增加超级产品的方法，就是"线性增长+指数型增长"组合方式，原因是超级产品具有三个显著特点，这些特点下的超级产品带来的是销量爆发式增长的可能，不仅销售收益增加，而且用户也随之增长，如果运营得当，对未来许多年品

第四章　渠道：超级增长的成交方法

牌知名度、美誉度、忠诚度都有"意想不到"的指数级收益。这就如同可口可乐传奇总裁罗伯特·伍德鲁夫曾经描述的那样："即使可口可乐全部工厂都被大火烧掉，给我三个月时间，我就能重建完整的可口可乐。"可口可乐就是超级产品，即使一时间毁掉生产产品的工厂、渠道，已经抢占用户心智的产品、品牌，依然有众多用户在等待，这就是超级产品带来的指数型增长的可能！那么，超级产品到底有哪些特点呢？

特点1：自流量

如果你要问：如何简单判断什么是超级产品？

我可以简单用一个思路回答：如果一个超市货架上没有可口可乐，这可能不是可口可乐品牌出了问题，而是渠道出了问题。人们会因为想要喝可口可乐，进入线下超市这个渠道，而可口可乐就是这个渠道的超级产品，因为它拥有自流量。

"渠道+超级产品"的自流量不难理解，比如为什么商场愿意低租金引入星巴克咖啡，因为星巴克咖啡就是线下商圈的超级产品，它可以引流。前面讲到的优衣库与KAWS合作的联名款T恤，也是超级产品。

超级产品能够产生自流量的原因是什么呢？

（1）话题力：能够引发话题，形成热点效应，也就有成为超级产品的可能。如星巴克猫爪杯的"黄牛炒作价格""排队"

等话题引发全民关注。还有盒马鲜生刚刚开业时，鲜活的帝王蟹就成了当之无愧的超级产品，很多人就为了一睹帝王蟹真容而前往盒马鲜生。根据盒马鲜生的销售数据统计，从2016年到2018年，全国门店的帝王蟹总销量暴涨近20倍。类似还有Costco（开市客）在2019年上海店开业时，选择茅台酒的"渠道+超级产品"方式引爆，开业前三天每天平价限量供应茅台酒，导致很多用户哄抢，由此创造了一炮而红的热门话题。

（2）品牌力：超级产品本身自带品牌价值，跨界联合打造的超级产品也有如此特点，所以新品牌"渠道+超级产品"的方法，众多企业屡试不爽，如优衣库与艺术家KAWS联名款T恤、完美日记与大英博物馆联名推出眼影盘等。

（3）创新力：产品根据渠道特点、人群特点进行了创新，进而成为超级产品。如2017年奥利奥推出"音乐盒"，"咬一口饼干换首歌"的黑科技音乐盒表现出了极大的创新力，让饼干插上了音乐的翅膀，成为渠道（天猫旗舰店）超级产品，上线9小时销量过万，20000份限量版礼盒在半天之内售罄。

（4）感染力：不管超级产品是否有品牌力，只要能够抓住人群的偏好，如文化（二次元）、审美（设计风格）、兴趣（撸猫、桌游、密室）等偏好，通过对产品要素（设计、包装、内涵）的整合实现，超级产品就会自带感染力。如星巴克猫爪杯正是通过萌文化的风格，首先打动了撸猫族的兴趣偏好，引发全民共振的感染力，进而成为渠道引爆的超级产品。

（5）潮流力：超级产品的形成要有引领潮流的能力，不仅成为流行的风向标，同时人们愿意消费此产品来增加自身潮流标签。比如喜茶、茶颜悦色等茶饮品牌不断推出超级产品，用户去买奶茶更多为了是"打卡"，分享自己在茶颜悦色或喜茶排队、手握奶茶、背景是门店的照片。潮流力是超级产品的"附属品"，但是却有足够力量让人蜂拥而至。

特点2：超预期

所谓超预期，并不是说产品的实际体验超过预期，而是让用户对目标产品的预期超过其既定预期。大家如果去过海底捞，就会发现，从进门开始，排队时的小零食、美甲等位服务，到就餐时各种贴心小物件，甚至还会帮忙带娃，最终消费者获得了超预期的体验。诺贝尔奖得主、心理学家丹尼尔·卡内曼发现人们对体验的记忆是由高峰时与结束时的感觉产生的，这就是著名的"峰终定律"。

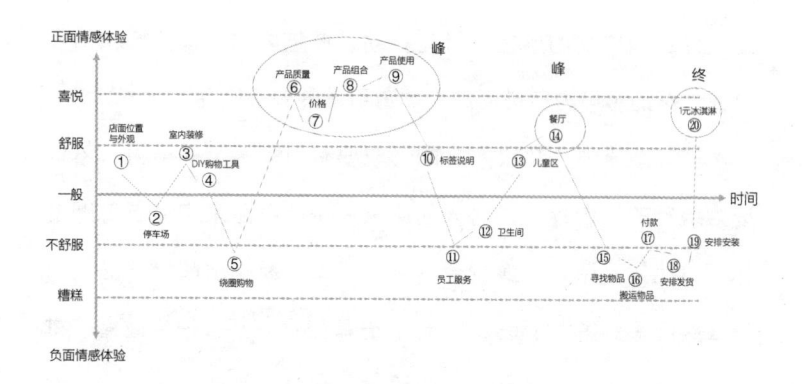

图4-5 宜家"峰终定律"用户体验模型

如果我们到宜家去购物，用户体验的接触点大概有20个，并不是所有体验都是正向的，但是最终人们对宜家是感到满意的，甚至超预期，原因就在于高峰的"6、7、8、9、14"与结束时的"20"（1元冰激凌）体验感受，冰激凌也成为宜家全球各个门店超预期的超级产品。

在打造产品的超预期方面，可以学习一下小米，《我在小米做爆品》一书讲到了"三高定律"，即高科技、高颜值、高性价比。我们拿小米插线板举例说明：

高科技：2相、3相插孔独立安全门，保护儿童安全；智能芯片自动分配功率，3个USB接口，支持手机、平板快充。

高颜值：迷你设计插线板，仅1个铅笔盒大小，外观精致简洁，顶面磨砂工艺，隐藏式提示灯，小插头等。

第四章　渠道：超级增长的成交方法

高性价比：如此设计的插线板比市场上普通三相插线板还便宜，价格仅49元。

"三高定律"不仅仅适用于数码科技产品，很多新品牌均可以参考借鉴，高科技可以考虑技术的升级变革。而在苹果、戴森、MUJI（无印良品）、宜家、小米等品牌的产品上可以看到高颜值的设计风格，重要的是一个新品牌能够创造自己的设计语言，且能给用户带来耳目一新的感觉，因此形成品牌差异化特征，高颜值所带来的价值可以上升到用户心智、认知，甚至品牌认同。目前看高颜值也在"内卷化"，大家都在设计包装上花功夫，慢慢"高颜值"就成为很多新品牌的"标配"，变为基础。如果你的品牌创造的产品设计不能给用户带来惊喜，便称不上高颜值，自然也就没有了超级产品的"超预期"感。高性价比不难理解，但并非是产品"卖得便宜"，重要的是让用户感知"便宜"，它是性能与价格的综合指数，会形成用户对品牌的信任，同时也会直接推动销售转化。

特点3：快迭代

一时火爆，那不是超级产品；能够持续火爆，才是超级产品。所以说，超级产品需要不断迭代，原因有三点：第一是用户认知不断提升；第二是不断被同行学习模仿，新鲜感消失；第三是因为技术的升级与突破，带来产品更好的体验，这是

超级增长

"快迭代"最重要的原因。

比如，随着时间的推移，人们也在对可口可乐有不一样的认知，从碳酸饮料带来酷爽体验，到碳酸饮料"不健康"的认知，所以近些年可口可乐推出无糖、低糖款，不断迭代，让超级产品效应依旧持续。

再比如，奥利奥在2017年首次在天猫推出音乐盒，2018年升级迭代推出音乐盒的升级产品"DJ台"，用户可以用饼干"打碟"。"DJ台"会根据饼干不同的形状，切换出不同的旋律。或者通过调换主副机的位置，随时变换叠加出另外的旋律。2020年奥利奥与周杰伦跨界合作推出"限量黑金音乐盒"，6000份限量黑金音乐盒在2020年5月18日0点开始支付定金后，在0.1秒内被一抢而空。

=== 案例 ===

"渠道+超级产品"助力虎邦辣酱超级增长

虎邦辣酱创立于2015年，原名英潮辣酱。

创业之初公司制定了"两个不做"原则：凡是和传统模式一样的不做，凡是和竞品模式一样的不做。逼着自己创新，避免进入传统的思维框架中。在这个阶段，虎邦辣酱尝试了传统

第四章 渠道：超级增长的成交方法

电商、校园渠道、内容电商、工业园食堂，一个偶然机会发现了外卖，经过半年时间，局部市场尝试，验证出这个渠道非常匹配：

第一，场景匹配，辣酱与简单用餐场景契合，接受度高。

第二，人群匹配，年轻人集中，愿意尝试新产品，对产品品质要求高，价格敏感度低。

第三，渠道特征匹配，封闭渠道，成本低，风险小，适合创业公司起步。于是，2016年虎邦辣酱确定外卖渠道作为公司的生存战略，全力以赴开拓外卖战场。[①]

在外卖渠道中，虎邦辣酱如何创造超级产品？

高颜值：虎邦打造"外卖标配"人设的第一步，是改产品包装，一餐一罐。2016年，虎邦辣酱率先在辣酱行业推出"一餐一盒"的80克、50克马口铁小包装。2017年，又推出30克"酸奶杯"装和规格更小的15克袋装产品。这种包装的好处就是随餐带，方便一人食。独立包装不仅高颜值，同时也解决了用户不方便携带的痛点。

高科技：别看包装小，其实技术更难，主要难在自动化灌装。虎邦辣酱通过与机械装备企业、包装领域专家联合研发，建立了先进的灌装生产线。虎邦15克袋装的包装技术和装置，

---

① 胡峤松：《虎邦辣酱在外卖路上的创业故事》，《销售与市场（管理版）》2017年第11期。

也属于业内独家。

高性价比：在用户点外卖时，常常会关心是否能凑够满减，外卖商家也会通过小吃、零食、饮品，还有虎邦辣酱作为凑满减重要的单品，让用户吃好的同时感觉更划算。

为了更好运营外卖渠道，虎邦辣酱甚至会帮助那些没有钱请运营人员的小外卖商家提供针对美团外卖、饿了么外卖的运营服务，只要外卖店卖虎邦辣酱，虎邦辣酱就帮助运营。虎邦就这样从外卖渠道成功破圈，在众多美食短视频、综艺节目、发布会现场等均可见虎邦辣酱，2019年"双十一"大促预售直播中，李佳琦更是把虎邦辣酱卖"断货"，不到1分钟的时间，销售就超20万单，合计300多万罐的虎邦辣酱……就这样进入用户心智，成为真正意义上的超级产品！

渠道加法：+数字

本章不断在强调数字化对渠道增长的推动，"渠道+数字"并非仅仅是线下渠道增加POS（point of sale，多功能终端）收银系统，或者开通微信公众号、企业微信、抖音直播等，在谈及传统渠道数字化转型升级时，正确的思维应该是：

第四章 渠道：超级增长的成交方法

转型是目的，数字是手段。

也就是说，利用好数字化工具，但前提是对业务赋能，而不是盲目地看别人做什么你也做什么，战略方向为先，使用得当的策略让"渠道+数字"发挥事半功倍的效果，否则很多企业组织内部会陷入严重的内耗，比如大家内部讨论的不是如何为业务赋能、战略方向是什么，而更多是在各个渠道的利益冲突、各个部门之间的利益分配上消耗时间与精力，反而使"渠道"加了"数字"也没什么效果，甚至投入的成本也白白浪费。

本书重点讲策略与方法，关于战略层面以后再找机会专门梳理分享，我们先假定新品牌确立了战略方向，那么，"渠道+数字"的策略与方法该如何做呢？我总结了三个策略，即终端+数字、促销+数字、全流程+数字。

策略1：终端+数字

前面举例中的水果店，当用户到线下水果店消费，老板会邀请加个人微信，之后再拉进微信群，通过每晚发红包活跃用户加引流，同时做社区团购，每天一款水果团购，上午接龙，下午到货，提前预付，商品更优。另外通过"微信群+直播"进行新品发布，做店铺新进水果的作用、养生功效科普的图文视频，以及水果切开、现扒、现吃的全过程。一个小小的水果店低成本利用数字化工具，不仅把用户更紧密地联结起来，同时对产品采购预判、线上线下融合做了有机结合。

"终端+数字"可以结合"人、货、场"的变化,我在本章第一节提到"渠道互动化、渠道在线化、渠道近场化"。那么,如何增加与人的互动,如何实现货的在线化,如何在选址开店时考虑离用户更近,这方面可参考的除了刚刚讲到的水果店,还有盒马鲜生。

===案例===

盒马鲜生"终端+数字"的坪效突围

作为新零售代表的盒马鲜生,通过"App、店员POS、智能悬挂链传输系统"等数字能力延展了终端服务半径,因此"改写"了坪效计算公式。过去坪效计算公式是:

坪效=线下总收入÷单店总面积

盒马鲜生通过App进行"人、货、场"的高效运转,即使用户到现场也需要打开App扫码支付(为了解决现金付款问题,可由店员代收、代付,商品还是要通过App购买)。一家门店在3千米半径内,大概可以覆盖28平方千米的面积、30万户家庭,实现30分钟送货,不需要冷链运输,用户坐在家里用盒马生鲜

第四章　渠道：超级增长的成交方法

App下单，门店店员拿着POS机进行拣货，如果你到线下店就会看到天花板上的智能悬挂链传输系统。商品拣好、装进袋子、挂上悬挂链，进入后台打包装箱，交由快递员，这个过程不超过10分钟。传统生鲜超市的坪效只有1.5万元时，盒马鲜生能做到它们的3~5倍，"终端+数字"正是盒马鲜生突破坪效的方法，其公式则是：

坪效=（线下总收入+线上总收入）÷单店总面积

策略2：促销+数字

有数据显示，格力电器董明珠2020年的13场直播带货476.2亿元。2020年格力电器渠道变革初显成效，其实每场直播的本质就是"促销+数字"，原本企业就要做促销活动，只是从前是在各个卖场，2020年受新冠肺炎疫情影响，线下难以实现促销目的，直播间就变成了活动现场。渠道提前获客，通过数字化工具锁定用户信息，这一系列举措在格力电器进行渠道变革之前就已经悄然实施，而通过直播间完成的订单再匹配给不同区域经销商，其渠道数字化的管理也为此次变革奠定了基础。

促销就是品牌向用户传递有关品牌、产品的各种信息，吸引并说服用户购买其产品，以达到扩大销售量的目的的一种活动。如果从用户参与促销的过程来讲，可以分为促销的前中后三个阶段，即促销广告（前）、促销活动（中）、促销售后（后）。

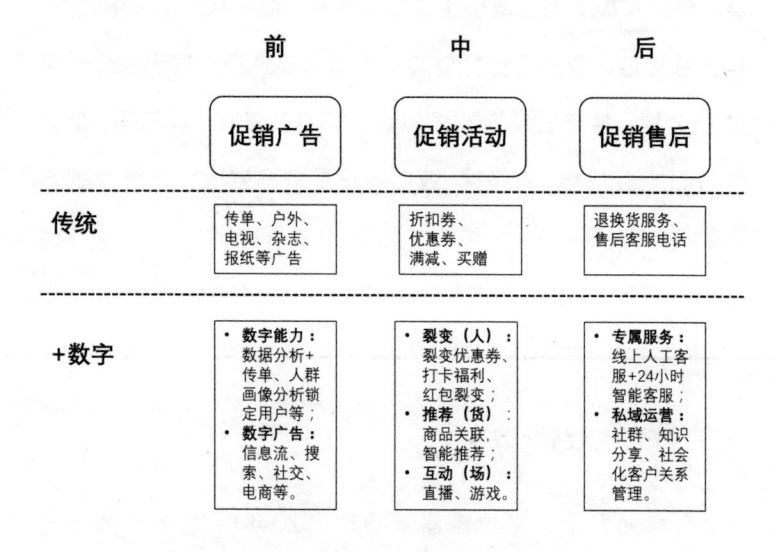

	前 促销广告	中 促销活动	后 促销售后
传统	传单、户外、电视、杂志、报纸等广告	折扣券、优惠券、满减、买赠	退换货服务、售后客服电话
+数字	• 数字能力：数据分析+传单、人群画像分析锁定用户等； • 数字广告：信息流、搜索、社交、电商等。	• 裂变（人）：裂变优惠券、打卡福利、红包裂变； • 推荐（货）：商品关联、智能推荐； • 互动（场）：直播、游戏。	• 专属服务：线上人工客服+24小时智能客服； • 私域运营：社群、知识分享、社会化客户关系管理。

图4-6 传统促销与"促销+数字"的玩法差异

促销前：促销广告

相比传统促销广告，"促销广告+数字"不仅是针对传统广告的数字能力增强，企业还可以直接进行数字广告投放，做数据挖掘分析、人群洞察、数字广告计划管理，以及投放过程的监测、优化等。从精准用户锁定到内容创意生产，自动化、智能化全流程实现，从前链路触达，到后链路转化，新品牌在触达潜在用户、传递促销信息、转化目标用户方面效率、效果大大提升。

第四章　渠道：超级增长的成交方法

比如一个线下商家的促销广告可以通过印制传单获客，也可以进行数字化投放。以抖音为例，该商家可以在其抖音账号发布相关活动短视频，之后定位同城，接着投100元DOU+[①]，点击自定义推荐、6千米范围内，那么花100元就可以让周边6千米2500人看到这条视频，这样的促销信息发布效率是极高的。

促销广告投放原则——

(1) 用户关联原则

数字广告投放中，对人群画像的精准挖掘、关联匹配尤为重要，数字化、智能化在广告领域不断迭代升级，品牌可以从用户标签、行为分析、追踪，到广告展现、用户转化，最终形成对用户行为关联预判、用户与产品关联推荐等。从目标用户群精准锁定，到根据用户群偏好的定制化促销活动、物料、广告内容，与用户关联不仅增加用户对品牌的好感度，而且符合用户需求，更易推动用户行为转化，促销的目的也更易达成。

某家电品牌参加夏日促销活动，对潜在用户发布的社交内容进行分析，以发现用户对于家电产品的关注集中点和潜在用户的日常爱好。根据分析了解潜在用户关注点为：

一是关注的家电产品以大家电为主，冰箱和空调是主力关

[①] DOU+是为抖音创作者提供的视频加热工具，能够高效提升视频播放量与互动量，提升内容的曝光效果，助力抖音用户的多样化需求。

注产品,由于欧洲杯热潮,电视关注度也较高。

二是在对家电的关注度上,价格、以旧换新和安装送货是网友提及比较多的主题词,同时对于线上渠道关注度超过了线下渠道。

对于潜在用户的喜好特征分析,同时结合相关网民行为分析研究,划分出精准的网络用户群体,进行定位。该家电品牌分析数据后将用户分为六大类:

表4-3 某家电品牌的用户群体分类

类型	比例	人口特征	生活价值观
积极活跃的少数者	16.7%	·性别:男性居多 ·年龄:20~30岁 ·收入:呈现两极化趋势	·独立、喜欢创新尝试 ·思想前卫,敢于冒险 ·个性化较强,有固定的消费习惯
追求风格的引领者	10.7%	·性别:男性较多 ·年龄:25~39岁 ·收入:专业人士,高学历,中高收入	·有强烈的个人态度 ·重视生活质量和品牌 ·意见的主要缔造者
与时俱进的奋斗者	22.7%	·性别:两性较为平衡 ·年龄:20~25岁 ·收入:初入职场,中低收入	·家庭观念较强 ·不只享受现在 ·渴望被尊重,追求成就
积蓄力量的追随者	23.2%	·性别:以女性居多 ·年龄:以青年为主 ·收入:学历两极化,收入中等	·对社交圈有极强的依赖性 ·关注广告和传播信息 ·喜欢货比三家

第四章 渠道：超级增长的成交方法

续表

类型	比例	人口特征	生活价值观
生活安逸的居家者	23.8%	·性别：以女性居多 ·年龄：25～39岁 ·收入：中高收入	·关注家庭生活细节和品质 ·对成就比较看轻，不注重金钱 ·喜欢时尚娱乐等消遣性较高的活动 ·注重情感，关注产品口碑
较少社交的低调者	2.9%	·性别：男女均衡 ·年龄：年龄偏大 ·收入：学历两极化，收入中等	·对待社交媒体态度冷淡 ·事业心不强 ·社交圈较窄，社交活动不活跃

*以上用户类型为该品牌分类方法，不作为行业标准，仅为学习借鉴。

该品牌经过分析夏季目标消费群体的喜好及其网络行为特征，对目标消费群体购买家电情绪进行判断：

少数者具有两面性，一方面提倡货比三家，重视产品质量，另一方面对产品的功能和服务也有一定追求，产品更新换代愿望最为强烈。

引领者对于产品品牌有强烈的崇拜感，对于功能和产品环保健康也有很积极的追求心理，喜欢一步到位，不强调价格因素。

追随者和居家者对于家电产品更加倾向于务实态度，追求产品的功能和价格，但是没有少数者愿望强烈，居家者还倾向于对家电的环保健康的追求；他们都会随着家庭成员变化而产

277

生短期需求。

奋斗者更多追求家电的价格和口碑，对于价格的倾向性非常高，而不太关注新功能和服务。

根据上面的分析判断，之后该家电品牌对促销选品、促销政策、活动内容，以及广告投放策略进行针对性规划，如通过对消费群体的分析和定位划分，决定夏季促销重点关注"少数者""居家者"和"引领者"，根据他们的喜好进行活动话题的结合，在他们喜欢聚集的平台（抖音、快手、B站、小红书、微信、微博、百度等）上进行精准推送。

（2）精细运营原则

在当今数字广告领域，越来越强调内容的精细化运营，比如广告内容模拟社交互动场景，激发用户参与感、获得感，或者设置答题互动，或者短视频内容每一帧画面优化等，从内容吸引到用户转化，每一个细节的提升都能够增加用户转化率。精细运营也是突破流量瓶颈的方法。

在数字广告投放时，可以对整个视频拆解到更细的颗粒度，精准定位点击率高的关键镜头，如此分析之后，我们就会清晰地知道视频的哪一段有问题、哪部分有吸引力，通过提高广告视频关键帧的留存率，大幅提升播放时长。

除了在内容方面精细化运营，前后链路的精细化运营也是数字广告的必然趋势。作为吹风机中的高端品牌，戴森吹风机与腾讯广告进行联合,通过朋友圈广告进行投放并落地京东商城。本次广告投放对于"浏览、搜索、收藏、加购、下单转化"等均有提升作用,带来了超过20%的收藏行为提升,并在投放后一个月内仍有持续影响。人群细分画像的报告显示,收藏行为在21~30岁、一二线城市、本科学历的女性中提升最为明显。广告投放对于单品的"种草"作用(收藏、加购行为)有着立竿见影的效果,在后续的营销活动中,戴森根据投放反馈,对于此类潜客人群进行有针对性的促销策略制定,促进品牌潜客群体转化为品牌用户群体。

表4-4 促销广告投放平台及产品

平台	广告营销产品介绍	官网
阿里妈妈	基于全域消费者覆盖,以高效人群运营、创新广告形式、丰富营销场景,助力品牌商完成营销目标,营销产品包括:淘宝/天猫直通车、超级钻展、超级推荐、Uni Desk、淘宝联盟等。	www.alimama.com
阿里巴巴集团旗下超级汇川广告平台	阿里超级汇川广告平台以阿里数据技术为基础,以UC为核心营销阵地,汇聚了夸克、书旗等阿里系核心内容平台流量。通过牵星DMP精准用户识别,搜索信息流多场景覆盖,安心投放效果保障,帮助广告主达成高效增长。 超级汇川产品集群: ·多维展现:UC浏览器、神马搜索、优酷、书旗小说、豌豆荚、夸克; ·直达转化:"易达、直播、淘宝卡片+淘宝""小程序+支付宝""多乘单+钉钉"。	yingxiao.uc.cn

续表

平台	广告营销产品介绍	官网
百度营销	全系列多场景用户超级流量,每天数十亿次搜索请求,超过1亿用户浏览百度信息流、800亿次定位服务请求,覆盖用户生活全场景。借助行业领先的百度搜索和资讯流推荐,超过200万种特征识别每一位用户真实需求及兴趣爱好。 营销资源:百度App、百度地图、百度贴吧、好看视频、宝宝知道、百青藤等; 智能工具:观星盘、基木鱼、爱番番等。	yingxiao.baidu.com
磁力引擎	磁力引擎是快手商业化营销服务平台,作为共生商业的实践者,致力于践行产品和技术的平等赋能,为现代商业打造兼顾公域吸引力和私域吸附力的共赢生态,让品牌、商家、用户、创作者发挥更大的营销价值。 主要产品服务:快手广告、快手粉条、快手联盟、磁力聚星、素造、磁力金牛、开眼快创、磁力万象。	e.kuaishou.com
巨量引擎	巨量引擎是字节跳动旗下综合的数字化营销服务平台,致力于让不分体量、地域的企业及个体,都能通过数字化技术激发创造、驱动生意,实现商业的可持续增长。 营销工具:巨量星图、巨量创意、巨量算数、巨量服务市场等; 营销产品:开屏广告、信息流广告、DOU+、挑战赛、企业蓝V认证; 营销资源:今日头条、抖音、懂车帝、西瓜视频等。	www.oceanengine.com

续表

平台	广告营销产品介绍	官网
腾讯广告	腾讯拥有丰富的海量流量产品，覆盖用户各个使用场景，7×24小时无缝触达您的目标客户。 广告资源：微信广告、QQ广告、腾讯视频广告、腾讯新闻广告、腾讯看点广告、优量广告、腾讯音乐广告； 广告技术：数据洞察、智能投手、人群定向、智能出价、创意中心、诊断优化。	e.qq.com

*广告营销产品介绍来自各平台官网；
*以上表格仅列出部分平台代表，行业中还有众多平台、第三方流量平台可选择；
*以上并非产品推荐，仅供学习参考，相关信息请以官方发布为准；
*以上表格按照首字拼音顺序排序。

促销中：促销活动

数字时代的促销活动，是在"货找人"逻辑下的活动玩法，与传统活动有本质区别，看似都是打折促销，但传统的"场"营造活动氛围，产品让利，打广告吸引人流，不分人群，全都一样。而"促销+数字"的活动则会强调兴趣导向、人群细分、精准锁定，基于不同人群优惠策略不同，比如有人深度参与游戏互动、领取红包、参与分享裂变，获得折扣更多。具体包括：

裂变（人）：裂变优惠券、打卡福利、红包裂变；

推荐（货）：商品关联，智能推荐；

互动（场）：直播、游戏。

案例

百草味：抖音超级品牌日活动

百草味参与抖音超级品牌日活动前，通过整合品牌+明星+达人三方资源，以及多条短视频内容，在其官方话题"百草味宝藏年货"积累了1400多万次播放，为超级品牌日进行了充分预热。在活动当天通过与直播间高度配合的广告投放，为销量爆发提供了充足的流量基础。最终达成了超级品牌日当场直播破千万的亮眼成绩，同时帮助品牌账号涨粉接近30万。[1]

促销后：促销售后

促销售后阶段不仅仅是解决用户商品使用问题、退换货等咨询处理，还有针对已消费用户进行精细化运营管理，一般可以分为专属服务和私域运营。

专属服务：线上人工客服+24小时智能客服。响应速度与沟通话术是关键。

私域运营：社群、知识分享、社会化客户关系管理。将已

---

[1] 抖音电商、贝恩公司：《2021抖音电商商家经营方法论白皮书》，2021年5月。

第四章 渠道：超级增长的成交方法

消费用户导流至社群，通过私域流量运营，提升用户消费频次以及对品牌好感度。

=== 案例 ===

钟薛高"真心橙意"的售后服务

2020年4月1日，罗永浩在抖音直播首秀中一口气吃下了五根半的钟薛高，还没等到他吃完，产品已被抢购一空。对于这次直播，钟薛高成立了专门的售后团队，在公司内部进行了多部门的联合，对直播售后进行跟踪和调查。

在小红书上某位用户写了篇针对钟薛高售后的好评笔记，本身商品在运送过程中出了问题，但售后的沟通服务让用户自己感到像"占了便宜"，所以决定要给售后一个好评。我们看一下她与客服的对话：

用户：冰激凌都化了

客服：能否请您提供一下照片呢小主？

用户：需要打开吗？

（之后用户拍了一张打开一支冰激凌的图片）

客服：您的情况我们已经了解了哦，抱歉给您带来不好的体验

客服：出现融化迹象的雪糕建议小主就不要食用了哦

客服：已经为您登记了哦小主

客服：会尽快为您安排发货的呢

客服：我给您补发了一箱

客服：实在抱歉呢

用户：嗯，行，谢谢啦

客服：感谢您对我们的理解与支持，不客气的，给您添麻烦了

（用户收到补发冰激凌后继续与客服沟通）

用户：你们售后太好了吧，让我都有点不好意思了

客服：这是我们应该做的小主

客服：感谢您对钟薛高的支持与信赖呢

钟薛高不仅仅在客服售后沟通、补救措施中有很好的规范、流程，而且为售后可能会出现的问题，比如针对"用户收到的冰激凌化了"的售后问题做了一个产品——"道歉礼盒"。这个"礼盒"不同之处在于，有一封"真心橙意"的道歉信，盒子外包装印有各种道歉文案，如"愧疚如我""气坏了身体不好""别跟我一般见识""对不起"……

商品成交是与用户建立关系的开始，不是结束。售后服务不仅仅是解决用户投诉问题，还应提供专业的商品使用指导、

第四章 渠道：超级增长的成交方法

引导用户进入社群、加入 VIP 会员等对用户进行定制服务，把售后作为私域流量运营的重要阶段。很多活动促销都会为用户下一次购买进行预埋，比如用户成交后返券，限定消费时间，邀请成为会员、加客服微信或者进入会员群，不断进行活动信息的传播。像这样精细化私域流量运营售后服务的企业越来越多，如瑞幸咖啡、完美日记等。

表 4-5　品牌售后私域流量运营

品牌	售后私域流量运营
瑞幸咖啡	线上线下购买咖啡之后均可加"首席福利官 lucky"企业微信，进入门店"福利社"企业微信群，之后每日"首席福利官 lucky"会发送各种促销活动、商品推荐、优惠券等
完美日记	线上线下购买完美日记产品的用户邀请加入小完子玩美研究所，之后进行深入的私域流量运营（详见第二章）

策略 3：全流程+数字

渠道实现全流程数字化的企业目前越来越多，像盒马鲜生、便利蜂、瑞幸咖啡等新零售企业就是典型。它们诞生于移动互联网时代，虽然有线下实体店铺，但重要的是通过线上数字化终端（App、小程序等）实现交易。"全流程+数字"不仅体现在用户交易全流程，而且是"人、货、场"的全流程管理。

案例

便利蜂的数字变革

便利蜂成立于2016年12月，2017年2月首家便利店在北京开业；门店数量从2017年60家、2018年570家，到2020年年底已经超过2000家。便利店领域的新品牌"便利蜂"为何可以如此快速增长呢？

便利蜂创始人团队中的庄辰超是去哪儿网原CEO，另一位创始人王紫是邻家便利店原创始人和7-Eleven（7-11）原高管。便利蜂从创立公司那一天起就已经注定有"互联网+便利店"的基因。在便利蜂的全流程管理与运营中处处可见数字化，通过人工智能和大数据算法推动的便利店，置身其中你会感觉就像进入了一个"电商落地页"；线上线下融合经营，"人、货、场"全流程在线化、数字化、智能化运营。具体表现如下——

智能选址：便利蜂每个门店的选址都会根据地理特征、商圈情况、社区特征、客群构成、面积大小等因素进行决策，拥有复杂的逻辑和权重。将决策交由数据和算法，"中央大脑"形成各种业务决策，作为执行依据，业务链条上所有人员只需要按照系统提示进行相应执行，这样既减少了人为带来的不确定

第四章　渠道：超级增长的成交方法

因素，同时也加快了决策的效率。智能选址、大规模开店，使便利蜂形成了规模效应。释放数据价值有至关重要的作用，一个区域店越多，相对成本优势越明显（货的成本、物流成本等），数据量越大，算法越精准。

智能供应： 鲜食是便利店收益的"利润中心"，过去中国本土便利店提供每日鲜食很不现实，门店数量、食品安全、低温物流配送等成了门槛。便利蜂学习了外资便利店经验，同时依靠数字化科技力量对鲜食进行管理，将鲜食的生产计划、鲜度管理、动态促销全部交由电脑系统决策。比如，食品生产方面，机器对土豆的硬度、扁豆的长度、炒菜的时间都有要求，物联网监控记录每一个步骤。冷藏运输车上有蓝牙温度计，实时传输温度到系统，温度一旦有异常，整车食品会被拒收。[1]

智能选品： 在互联网端，提到数字化、智能化会讲到"千人千面"，一般是指根据不同用户的习惯推送不同产品或者广告。在线下，便利蜂要实现的是"千店千面"，这就意味着要根据附近商圈消费特点有选择地选品上货。很多便利店将选品上货的任务交给店长完成，这就需要店长有足够的经验，其选货依据和逻辑直接影响到单店收益。便利蜂则通过大数据完成，员工全部遵从电脑指令，系统才是门店店长。每个门店都会自

---

[1] 廖兴诚：《探析便利店的新零售发展模式——以便利蜂为例》，《现代营销（经营版）》2020年第11期。

动统计近期消费情况，进而对商品进行更换，每周约有8%的商品会被换掉。长期不断调整，每个门店的商品不断适应周边用户消费习惯，实现"千店千面"。

智能促销：便利蜂的短保商品（保质期在48~72小时内），通过大数据算法进行实时动态定价，变价规律借鉴了航空公司对机票的"收益管理"机制。便利蜂的哪个商品、哪天、几点开始打折，店长和店员是不知道的，都是系统自动控制的。

另外，便利蜂的卡券体系也实现了分群优惠、提升消费频次的作用，比如我路过办公室时，会在便利蜂购买一杯咖啡，支付时可以选择直接支付，系统会送限时折扣券，下次购买会更便宜；或者选择买个会员支付，立即享受更大的优惠，而且成为会员后，又会不自觉地提醒自己每天要买杯便利蜂咖啡。给不同人群多种选择方式，便利蜂在用户、渠道增长方面的研究与实践值得借鉴学习。

渠道加法：+关键意见领袖（KOL）

品牌营销中通过关键意见领袖（KOL）体验、推荐产品，多以视频、直播、图文、海报、活动等形态出现。在线上、线下

第四章 渠道：超级增长的成交方法

多种消费场景中，人们愿意相信具有一定身份特征的关键意见领袖，同时其他消费者的使用体验也会成为重要的购买决策参考。

有人在抖音上看主播画眼线，除了赞叹主播漂亮、手法了得，也会被提示"自己也应该买支同样的眼线笔"，看了看主播推荐的产品价格很划算，就果断下单了。

我们走进商场、超市，总会有导购出现，在实体商业中导购就是典型的渠道中的关键意见领袖。这些导购的作用在过去很多是有导向性的推销，比如脑白金营销的核心除了"洗脑广告"，便是导购人员了。如今的导购则越来越要求向关键意见领袖转型，他们适时出现在你的身边，能够给出选购建议，不强推，且专业。

有一次，因为要参加户外徒步，我在线下某品牌户外店选购商品，导购员的专业推荐令我印象深刻，在前几家都没选到合适商品，反而在这家愉快地购买到了。难道说别人家就没有同类商品吗？这家商品的性价比就真的是最高的吗？给我的感受是，同价位品牌的产品几乎大同小异，选购时最重要的影响因素是导购，进店面对满墙徒步鞋，作为一个新手完全不知道该如何选择，这时导购的销售专业能力与户外专业能力就非常重要。那个导购能够完成销售转化很重要的特点是：

分析用户需求：问询要进行什么样的运动？强度如何？本

人能力如何?

提出专业建议:针对目前强度、个人能力特点,应该穿××;

亮出专业实力:介绍自己也是户外运动爱好者,参与过××活动,提醒用户户外徒步运动相关注意事项,传递专业实力的同时,建立起用户的好感度。

关键意见领袖一般分为舆论导向型关键意见领袖与销售导向型关键意见领袖。

舆论导向型关键意见领袖:在本书第三章中讲到引爆点,其中"关键人物"就是舆论导向型关键意见领袖。比如我们常见的购车场景,一般在用户没有明显购车意向,或在汽车厂商新车上市时,厂商往往会先在大众媒体投放广告,同时通过明星、各行业关键意见领袖等进行代言、推荐,此时重要的是激发购买兴趣。

销售导向型关键意见领袖:这是在渠道中常出现的关键意见领袖类型。我们可以看到在汽车4S店的销售人员、美容院的美容师等中,很多人既是服务人员,又在服务中成功销售商品,比如某净水器品牌提供上门免费检测水质服务后,服务人员也随即化身为销售导向型关键意见领袖。当然这里需要注意专业推荐与欺骗诱导是有区别的,看似都是卖货,但前者是以用户为中心(推荐更适合用户的),后者是以利益为中心(推荐收益

第四章 渠道：超级增长的成交方法

最高的）。

过去"舆论导向型与销售导向型"关键意见领袖在消费者决策通路中区分明显，尤其客单价高的商品消费时会清晰感觉到不同关键意见领袖的作用，比如汽车、房产、家电、奢侈品等。并不是客单价低的商品就不需要关键意见领袖，只是人们在消费过程中有时感觉不到，但是关键意见领袖依旧存在。新品牌未建立品牌认知时，关键意见领袖的信任背书、体验示范、专业分析等都将推动用户快速建立对品牌的认知，很多新消费品牌在小红书、抖音等平台通过达人、网红的笔记、短视频种草；另外，关键意见领袖拥有大量粉丝群体，其推荐在抢占用户心智的同时，也可以快速完成带货转化。当下，往往两种类型关键意见领袖融为一体，尤其在短视频、直播平台出现后，用户潜在消费需求是通过内容激发，而在观看内容的同时被种草，转化也随即发生。

2021年5月抖音电商发布《2021抖音电商商家经营方法论白皮书》，其中提出"FACT经营矩阵"。FACT分别指的是商家自播（Field）、达人矩阵（Alliance）、营销活动（Campaign）、头部大V（Top KOL）。这其中的达人矩阵、头部大V均是"渠道+关键意见领袖"范畴，前者适合日销经营，后者适合品销爆发。在抖音上，我们会发现许多商家与达人建立了紧密的合作关系，商家生意随着达人能力和数量的增加而实现超级增长。达人们通过种草类、评测类、剧情类等短视频进行种草，比如元气森林、李子柒等均与大量达人合作，短视频内容中加购物车链接，不仅产生了大量不同类型优质内容，也成为放大生意增长的最佳助力。在头部大V（明星和头部达人）方面，可以借助他们强大的粉丝影响力和人设背书，制造热点营销事件，帮助品牌迅速破圈，一举达成"品销双赢"。在抖音电商，头部大V合作方式通常分为混场和专场两种，前者是指商家将一款或几款产品植入头部大V（明星、头部达人）直播坑位中，长期将同一款商品进行混场植入，可以将该商品打造成平台超级产品。后者是指商家邀请明星或头部达人进行只卖本品牌产品的专场直播，不仅能进行直播带货，还能传递品牌信息，借助头部大V影响力提升品牌知名度。

=== 案例 ===

护肤品牌"Whoo后"的
"渠道（抖音电商）+关键意见领袖"

作为深耕中国市场多年的韩系护肤品牌，Whoo（后）在中国拥有广泛的知名度。在抖音电商平台，Whoo通过与达人持续合作，对明星产品进行广泛种草。通过长期预热，联动平台活动与头部达人专场，完成了消费者购物潜能的集中爆发。2021年1月，Whoo首次参与抖音"超级品牌日"活动，交出了单场3亿、单品2.89亿的成绩单，在当时创下了最高单场纪录和最高单品纪录。

广东夫妇（大狼狗郑建鹏&言真夫妇）是抖音电商非常有影响力的头部大V，在本次专场之前，广东夫妇与Whoo就有着长期稳定的带货合作，通过多次带货的数据表现，品牌和达人均发现"天气丹套装"的销量一直不错，高转化率和高转化价值印证了达人及粉丝人群与Whoo的高契合度，双方以此找到了做专场超级品牌日的契机。

在直播前双方做了充分的预热准备，广东夫妇通过7条视频内容进行了粉丝人群的全面种草，同时Whoo在抖音上发起"0108见证奇迹"的活动tag（标签），广泛覆盖了全平台的美妆受众群体，成功在开播前积累10亿曝光量。

在直播当天，通过合理使用各种投放工具，直播间得到了持续的加热；外加抖音超级品牌日的流量支持，当日开播3小时GMV（商品交易总额）便超过1亿，同时在线人数达到20万。

直播间运营方面，头部达人优秀的控场能力、实时调整能力保证了顺畅的流量承接；丰富的直播间游戏让粉丝和观众热情高涨；准确的销售话术保障了高效的转化。

从测品、预热，再到直播间big day（重要日子）的活动爆发，整个流程环环相扣，商家、达人、平台的集中资源投入是本次创纪录的关键。

渠道减法：－去中间化

在本章第一节有谈到渠道结构，多层级渠道经销模式是传统渠道的常见形式，而此类形式中也会存在多种组合模式，从渠道为王到品牌为王，再到数字为王的进化，渠道看上去是在做加法，品牌方在为渠道商做数字赋能，"渠道+数字"就是在讲这个部分。那么，我所说的渠道减法"－去中间化"是什么呢？是渠道层级递减吗？3层级减到2层级、1层级、0层级？如果直接这样理解，就很容易出问题，也就变成盲目"砍掉"经销渠道。我在前文讲过渠道经销模式有利有弊，"利"是品牌方可以借助渠道商能力快速将产品卖出去，很多新品牌发展初期就是需要建渠道；"弊"则是因为层级过多、库存、价格、管理等问题也随之出现。那么，到底怎么理解渠道减法"－去中间化"？

首先，渠道减法"－去中间化"是一个相对概念，也就是相对过去的渠道模式，减少中间环节。

第四章 渠道：超级增长的成交方法

其次，渠道减法"-去中间化"是一套阶段打法，传统品牌对现有渠道的阶段优化调整，或者新品牌初期受资金、人力、资源、品牌等限制，选择"去中间化"自营模式，比如DTC模式，或者缩短中间层级的渠道经营模式。以小米公司为例，初创期选择自营电商，用户通过微博、微信、小米社区、QQ空间等导流到小米商城，预约下单，这是早期小米品牌的渠道去中间化阶段。在小米手机不断得到用户认可、品牌知名度不断提升的基础上，小米开始扩展渠道，进入天猫、京东等平台电商，后续又发展到代理商、经销商等线上、线下渠道整合，从"去中间化"到"再中间化"，从单渠道到全渠道运营模式扩展。

再者，渠道减法"-去中间化"是一种经营思维，对于新品牌来讲，选择直面用户，还是选择渠道合作，或者自建经销商体系等，是战略决策，也是一种经营思维，选择去中间化，就是更倾向选择直面用户。移动互联网蓬勃发展改变了生意模式，很多企业可以先了解用户需求，再进行快速反应生产，而当下的柔性供应链，又让更多新品牌不用大规模生产积压库存，对于品牌初期试错迭代更加友好，能通过预售、众筹、直播带货等销售方式，实现零库存、负库存经营。比如特斯拉、蔚来汽车等新能源电动汽车品牌企业，其渠道模式就是典型的去中间化，没有经销商，用户通过线上订购、选择汽车配置，相关服务流程等均可通过线上（App）完成；线下空间也与传统

295

4S店不同，会将空间置于城市核心商圈进行体验展示，引流获客。电动汽车新品牌们更注重用户联结，去中间化的渠道经营思维让联结效率更高。

既然渠道去中间化是相对概念、阶段打法、经营思维，那么，去中间化的实质是什么？这个问题不难理解，渠道去中间化是为了通过整合供应链以最少的成本把产品从生产端转移到消费端，流通渠道的优化不是纠结中间商的去留，而是要从供应链角度，看整个供应链过程中商流、物流、资金流、信息流的高效运作，如何把合适的产品，以合理的价格，合时地送到用户手中。对于新品牌来讲，渠道减法"－去中间化"该如何实施呢？

自主化

企业自主经营渠道，目前大部分新品牌以线上电商为主，三只松鼠、王饱饱、王小卤、三顿半、完美日记、花西子、蕉内等均是从天猫店开始，通过品牌自主经营，实现品牌超级增长，而当发展到一定阶段后开始进行全渠道拓展，线上如京东、抖音，以及海外跨境电商，线下自营门店、进驻各大商超。

直播成为众多新品牌销量爆发的主要渠道销售模式，尤其商家自播模式越来越被众多新品牌应用，成为日常经营的主要方式。以抖音电商商家自播为例——

第四章　渠道：超级增长的成交方法

霞湖世家2021年3月一共直播了40场，直播销售额3008万。

2020年下半年起，太平鸟女装进驻抖音电商，正式设立专门团队运营抖音小店。太平鸟女装以每天长时间自播为切入点，沉淀精准粉丝，配合流量投放，寻找精确目标人群，同时着力提升直播内容。直播间主播都是统一形象，推出了"PB女团"，不同风格女团主播不仅可以展示不同风格服装穿搭，还积累了大量忠实粉丝，2020年10月开始自播以来，短短几个月，日均GMV从10万提升至约300万。

那么，适合新品牌自主经营的渠道阵地及经营方法有哪些？

表4-6　适合新品牌自主经营的渠道阵地及经营方法

分类	渠道阵地	渠道经营方法与能力要求	新品牌阶段/品类/运营重点
内容渠道	抖音、快手、小红书等	·经营方法：种草（短视频、图文）+直播带货（自播、达人、KOL） ·能力要求：内容为中心的渠道组织经营架构（重点：内容运营人才）	·适合阶段：初创期、成长期； ·适合品类：适合通过短视频、直播更容易表现的产品，如美妆、服饰、家居、农副产品等； ·超级产品运营：内容运营团队成熟，适合新品牌冷启动。

297

续表

分类	渠道阵地	渠道经营方法与能力要求	新品牌阶段/品类/运营重点
私域渠道	微信	·经营方法：公众号&视频号+小程序+朋友圈+微信群 ·能力要求：用户为中心的渠道组织经营架构（重点：私域运营人才）	·适合阶段：初创期、成长期、成熟期； ·适合品类：高频、刚需、低单价的品类相对容易做私域运营，比如美妆、快消、餐饮、咖啡等，适合线上发券、直播、互动、下单； ·用户运营：增强用户黏性，优化用户结构，通过私域运营、社群互动，提高消费频次，提升品牌忠诚度。
电商渠道	天猫、京东等	·经营方法：流量投放+大促活动 ·能力要求：流量为中心的渠道组织经营架构（重点：流量运营人才）	·适合阶段：初创期、成长期、成熟期； ·适合品类：全品类； ·品牌运营：电商主流渠道，与品牌打造相关，品牌知名度越高，越需要进入主流渠道；反之，通过流量、大促活动也会推动品牌知名度提升。

"内容渠道、私域渠道、电商渠道"并不能涵盖所有渠道经营模式，只是现阶段相对主流、创新的操作方法，新品牌发展过程需要选择与自身能力、用户特点相符的渠道经营阵地，也可以组合经营，主攻某一渠道，其他渠道为辅。实现新品牌超级增长，自主经营的渠道减法路径建议如下——

（1）路径一：产品路径

新品牌现状：初创期、产品有超级产品潜力、团队有内容运营优势、资金预算有限。

渠道路径建议：新品牌初创期内容渠道打造超级产品→将用户导入私域渠道深度运营，直接转化→成长期提升品牌知名度，进入电商主流渠道。

（2）路径二：品牌路径

新品牌现状：初创期或传统企业转型、资金预算充足、团队擅长电商流量运营。

渠道路径建议：新品牌初创期，在主流电商平台开通旗舰店，流量投放、大促活动参与→内容渠道运营短视频、直播导流，推超级产品→用户导流私域渠道运营。

（3）路径三：用户路径

新品牌现状：初创期品牌，产品有一定短板，或与竞品无明显差异，团队有内容营销、流量运营、用户运营能力。

渠道路径建议：设计用户购买模式，比如VIP会员、订阅制DTC模式等。设计会员方案→内容营销、私域导流获客→成为会员→深度运营。

案例

美元剃须俱乐部的
渠道去中间化DTC模式

2012年，美元剃须俱乐部由一名原本做媒体营销的创业者迈克尔·杜宾（Michael Dubin）创立，2016年7月被联合利华花费10亿美元全资收购。

美元剃须俱乐部以按月收取会员费的形式为订户提供个性化产品，逐渐打造了一个全品类男性护理用品公司。每月只需1美元会员费，美元剃须俱乐部就会按时将一只装有剃须刀的盒子（内有5个刀头），寄到用户家里。2015年，美元剃须俱乐部的年销售额从两年前的2000万美元增长到了1.53亿美元；2016年，更是占据了美国剃须刀和刀头市场8%的份额（按销售收入计算），而吉列的市场份额同期从67%直线下降到54%。

扁平化

扁平化的概念在企业组织架构中越来越常见，与以往的科层制不同，其效率更高。而在渠道扁平经营模式中，并不是说取消所有渠道中间层级，最合理的渠道扁平经营是把更多精力

第四章 渠道：超级增长的成交方法

放在客户终端，从而实现销量增长，提高利润。

江小白在发展过程中，不仅文案瓶独树一帜成为刷屏素材，同时渠道差异化的打法也让其快速占领市场。传统白酒企业所采用的是"制造商→经销商→批发商→零售商→消费者"渠道模式，江小白则减少了2~3层中间环节，只设立一个总经销商，由总经销商直接送货给餐饮终端。江小白通过给总经销商设置最高加价率的方式，禁止了总经销商再一次发展下一级的经销商，如此，就可以确保渠道扁平化的有效执行。江小白通过高频次、小批量的货物流转，减少了渠道层级，通过降低经销商压货的金额，减少经销商资金占用，提高资金利用率和渠道流转效率。[1]

我并不否定中间商的作用，如果没有中间商，人们的日常生活可能都会受到影响，比如说商场、超市、电商平台等，本质上都是中间商。"去中间化"并非去掉所有中间商，而是强调不同阶段的渠道方法，以及新品牌阶段重要的是直面用户，就连很多传统品牌也在开始探索去中间化的DTC模式。渠道减法"－去中间化"不仅是新品牌渠道增长方法，更重要的是一种经营思维。

---

[1] 房灵聪：《渠道扁平化与深度分销模式研究——以江小白为例》，《现代营销（下旬刊）》2020年03期。

超级增长

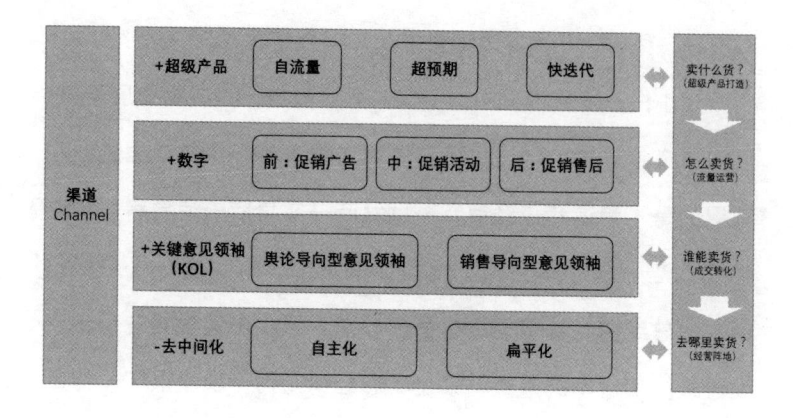

渠道 Channel	+超级产品	自流量	超预期	快迭代	卖什么货？（超级产品打造）
	+数字	前：促销广告	中：促销活动	后：促销售后	怎么卖货？（流量运营）
	+关键意见领袖（KOL）	舆论导向型意见领袖		销售导向型意见领袖	谁能卖货？（成交转化）
	-去中间化	自主化		扁平化	去哪里卖货？（经营阵地）

图4-7 渠道增长方法论总框架

回顾本章内容，我重点对新品牌超级增长方法论（3C方法论）的渠道增长方法论进行详细阐述。"+超级产品、+数字、+关键意见领袖（KOL）、-去中间化"的"3加1减"渠道增长方法论，可以简单理解为："+超级产品"是解决卖什么货（超级产品打造）、"+数字"是解决怎么卖货（流量运营）、"+关键意见领袖（KOL）"是解决谁能卖货（成交转化）、"-去中间化"则是解决去哪里卖货（经营阵地）。

第四章 渠道：超级增长的成交方法

本章小结

1. 数字时代渠道思维如何升级进化？

（1）渠道互动化（人）

（2）渠道在线化（货）

（3）渠道近场化（场）

2. 渠道如何推动新品牌超级增长？

（1）渠道拓展（买得到）

（2）渠道运营（卖得快）

（3）渠道促销（卖得多）

（4）渠道管理（卖得好）

3. 新品牌渠道超级增长方法论

（1）渠道加法：+超级产品

（2）渠道加法：+数字

（3）渠道加法：+关键意见领袖（KOL）

（4）渠道减法：－去中间化

第五章

新品牌超级增长方法论实施与保障

近些年众多新品牌实现了超级增长。从消费升级的趋势，到用户消费习惯变化，新趋势、新思维、新模式等各类因素"催化"诞生了新产品。比如新能源电动汽车的出现就是如此，从"碳中和"的大趋势看，新能源产业必将蓬勃发展，而电动汽车的出现更是将汽车工业升级为电车科技，产品结构改变后，新能源车品牌们的组织架构也与传统车企完全不同，它们的工程师不需要研究发动机，它们需要的是算法工程师，传统车企卖车靠广告与经销商，新车企卖车更关注用户，通过创造打动人心的传播内容来获得潜在用户，而在渠道方面则通过线上App、社区、自主化经营的体验中心等完成对用户的吸引、共鸣、转化。

像特斯拉电动汽车的出现，这样的颠覆式创新一直都是很多企业追求的超级增长样板，但事实是不可能要求，或者说不可能实现所有企业都完成颠覆式创新，杰克·韦尔奇认为：创新应该是渐进式改进，在资源有限的情况下，集中使用你的"弹药"，并且公司应该鼓励渐进式创新，让资源实现最大化利用，才是能够让企业快速发展的增长要素。

iPhone手机问世，拉开智能手机的新增长范式，传统企业中摩托罗拉、诺基亚等开始"掉队"，而小米、华为、OPPO、vivo等中国手机品牌快速崛起，它们并没有颠覆式创新，但是各自在不同领域的渐进式创新成为超级增长的动力。我在这本书中多次讲到小米，从小米社区到米粉节的粉丝经济（用户）、从热门话题到社会化传播的内容营销之道（传播）、从小米商城自营电商到小米之家等全渠道布局（渠道），雷军总结的七字诀"极致、专注、口碑、快"与极具魔力的参与感设计都成为小米品牌、产品一往无前快速成长的底层方法支撑。

然而，很多人看到的是阶段成果，究其背后原因，我们不禁要问：新品牌超级增长方法论如何系统落地？需要什么样的组织能力？

本书第二章、第三章、第四章中分别将"新品牌超级增长（3C）方法论"详细拆解，从用户、传播、渠道三个维度谈到新品牌超级增长的实操方法，探讨假设企业在产品、组织等能力必备的基础上，增长该怎么做。到了本章，我希望讨论一下方法论如何落地，重点如下：

➢ 新品牌超级增长方法论如何落地？

➢ 如何保障新品牌超级增长？

➢ 新品牌快速成长中容易忽略的风险。

第五章 新品牌超级增长方法论实施与保障

新品牌超级增长方法论如何落地

新品牌超级增长（3C）方法论如何落地呢？3C方法论是如何形成超级增长的乘法飞轮效应的呢？

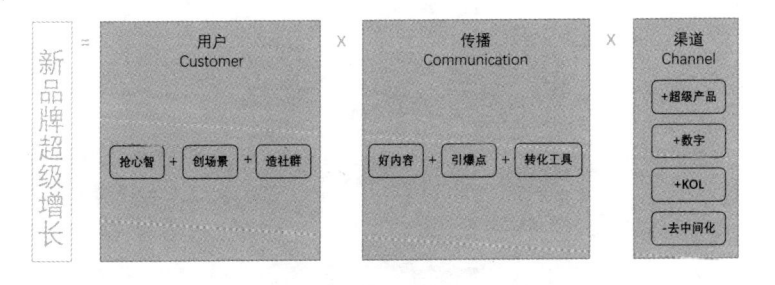

图 5-1 新品牌超级增长方法论

此方法论的逻辑关系可以简单理解为用户越多，传播越好，渠道能力越强，超级增长就越好。这三者之间关系是协同递进的，犹如飞轮般快速滚动向前，精准锁定用户，投其所好地内容触达，成交转化的概率就会大大增加。

在这个时代，品牌营销的内容与销售已经融为一体，对于新品牌来讲，内容营销越来越重要。在新品牌超级增长过程中，新的传播与渠道打法，可以帮助新品牌快速找到潜在用户，激发需求，带来新品牌从用户量到销售额，再到品牌知名度、美誉度、忠诚度等多维度增长。超级增长是符合数字时代特征的新品牌增长方法，在组合推进时会根据不同公司现状、资源，进行有针对性的策略实施，以保证在有限的资源下，集中火力形成增长势能。

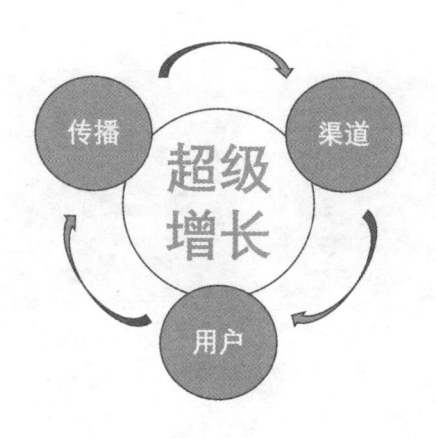

图5-2 超级增长飞轮效应

我列了一张"新品牌超级增长自我评估表"，供大家对品牌进行诊断，通过对超级增长方法论的三个部分进行评分，评分低的部分代表该部分现状并不理想，但同时也表示有提升优化的空间，也是品牌应该重点关注的部分。

表5-1　新品牌超级增长自我评估表

分类	增长方法	评估指标 数量	评估指标 质量	综合评分（单选）
用户	·抢心智 ·创场景 ·造社群	·种子用户数 ·潜在用户数 ·消费用户数 ·忠诚用户数	·互动性 ·参与感 ·忠诚度	□糟糕（1分） □一般（2分） □尚可（3分） □优秀（4分） □卓越（5分）
传播	·好内容 ·引爆点 ·转化工具	·阅读量 ·爆款量 ·热门话题量 ·原创作品量	·点赞比 ·互动率 ·推荐率	□糟糕（1分） □一般（2分） □尚可（3分） □优秀（4分） □卓越（5分）
渠道	·+超级产品 ·+数字 ·+KOL ·-去中间化	·线上渠道数量 ·线下渠道数量 ·单渠道销售额 ·全渠道销售额 （含自营、合作）	·覆盖率 ·退货率 ·库存周转率	□糟糕（1分） □一般（2分） □尚可（3分） □优秀（4分） □卓越（5分）

我们假定初创期的某香水新品牌，自我诊断如下（案例模拟）：

表 5-2 新品牌超级增长自我评估表（案例模拟）

分类	评估指标 增长方法	数量	质量	综合评分（单选）
用户	·抢心智：以中国文化与花为特色 ·创场景：随身便携 ·造社群：已建立试用评测群，计划成立铁粉会员社群	·招募了100名种子用户，参与评测 ·邀请了50位达人体验分享 ·半年时间累积了5000个已购用户	·领试用装增加互动 ·新品调研等邀请种子用户参与 ·半年复购率10%	□糟糕（1分） □一般（2分） ☑尚可（3分） □优秀（4分） □卓越（5分）
传播	·计划在情人节、七夕节主题传播	·无原创作品 ·无爆文 ·无热门话题	·无互动	☑糟糕（1分） □一般（2分） □尚可（3分） □优秀（4分） □卓越（5分）
渠道	·打造便携装超级产品，与某品牌跨界合作 ·计划选择头部KOL带货推荐	·线上渠道仅开通"微信公众号+有赞"； ·计划开通抖音电商（抖店）、天猫店 ·线下暂无计划	·渠道目前较单一，主要以内容电商、兴趣电商为主	□糟糕（1分） ☑一般（2分） □尚可（3分） □优秀（4分） □卓越（5分）

针对该新品牌的现状自测后，接下来就可以开始思考如何进行超级增长组合策略优化调整，在进行自测的同时，企业还可以对竞品进行分析打分，与自己品牌进行横向对比，找出自身差异化与增长空间。

根据新品牌超级增长公式，我们可以得出该品牌超级增长评分数值：

用户（3分）×传播（1分）×渠道（2分）＝新品牌超级增长分值（6分）

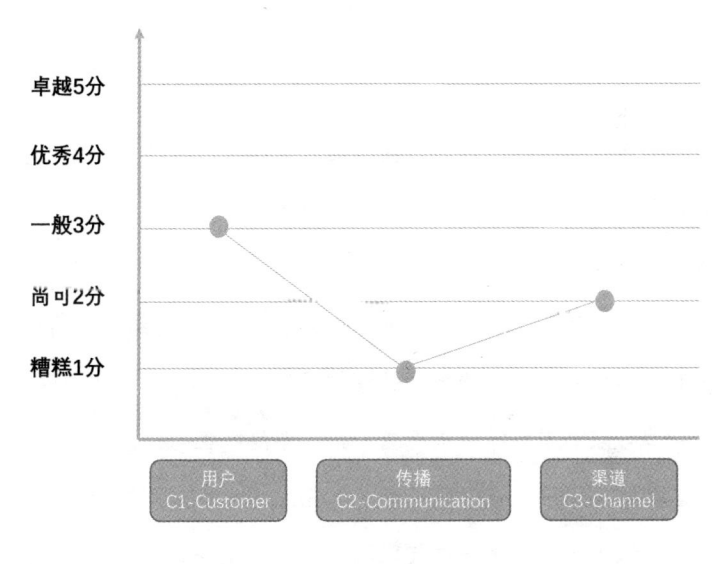

图5-3　超级增长分值表

超级增长分值的高低不是对一个品牌好坏的评判，而是让企业更容易发现不足之处与增长空间，进而明确当下阶段需要优化调整的部分，以及清晰部署下个发展阶段的重点，通过短期、中期、长期策略实施，让企业快速且稳健地持续增长。

对于新品牌该如何落地实施超级增长策略，我的具体建议如下——

策略一：用户优先策略

越来越多品牌开始重视用户，把用户当作品牌资产，从流量思维转变为用户思维。过去品牌方常用广告投放为代表的公域流量获客方式（此类广告获取的流量也称为"商域流量"），当某一个平台被人们发现为"流量洼地"时，随后众多品牌方蜂拥而至，流量成本也就变得越来越高，对于一些新品牌而言，很难承担高额的广告费用，即使预算充裕，我也建议初创期的新品牌可以考虑私域流量运营。再小的品牌都可以通过私域流量运营建立用户认知、用户转化。新品牌从零开始冷启动，通过私域流量运营的用户优先策略，不仅利于快速迭代产品，也可以通过种子用户带来用户裂变增长。比如可以称为新零售典型代表的盒马鲜生、瑞幸咖啡，从创立公司开始就是用户优先策略，也是典型通过私域流量运营的标杆企业，如果你要去这两家企业消费，首先必须通过App注册成为会员，另外结账也是通过App完成，在自己的流量池里将用户"管理"起来。

我们具体说一下瑞幸咖啡的"用户优先策略"。

第五章 新品牌超级增长方法论实施与保障

首先通过App（小程序、服务号）锁定用户（C1），也更容易通过线上裂变实现用户超级增长。

通过与众多知名的互联网科技企业跨界营销，比如与腾讯QQ合作"刷脸免费喝咖啡"，不仅通过传播（C2）造势，形成吸睛的话题，同时互联网人对于使用App消费没有任何障碍。

之后通过一系列针对目标用户（C1）的传播（C2）扩散，再配合瑞幸咖啡小程序裂变活动，"免费另一杯咖啡""免费送好友咖啡，你也得一杯"……如此裂变，一传十、十传百、百传千……注册量、订单量和销量也自然日益增加。

而在渠道（C3）方面，瑞幸咖啡除了线下门店的扩张，线上App、小程序、服务号、企业微信群等私域流量运营部分已经全面覆盖，在其高速发展阶段，跨界快闪店成为其重要渠道（C3），比如北京电影节、北京车展、北京马拉松、中国网球公开赛、北上广车展、世界互联网大会、沸雪国际单板滑雪世界杯等一级赛事、活动和会议。据不完全统计，瑞幸咖啡在不到一年的时间做了近60场大小品鉴会、10余场大型主题快闪店，包括云上咖啡、图书馆咖啡等。这些渠道（C3）的开拓合作一举三得，获取了用户（C1），同时制造了话题传播（C2），推动了品牌超级增长。

2020年在新冠肺炎疫情加资本危机的双重冲击下，瑞幸咖啡全国各门店通过私域流量运营的有效实施，将企业微信群变成新渠道（C3），提升用户（C1）消费频次，成功实现自救突围。

另外，在"渠道（C3）+超级产品"方面，2021年，瑞幸咖啡相继推出生椰拿铁、丝绒拿铁等超级产品，并频频成为热议话题。其中生椰系列单月销量超1000万杯，更是直接刷新瑞幸新品销量纪录，"1秒内售罄""全网催货"，成为饮品界当之无愧的年度超级产品。截至2022年4月6日，上市一周年的生椰拿铁单品销量突破1亿杯。其策略是用户（C1）不断种草，各大社交平台持续霸屏，引爆传播（C2）再吸引更多用户（C1）进入渠道（C3）——瑞幸咖啡门店、App下单生椰拿铁。2022年4月11日，瑞幸咖啡与椰树牌椰汁联名推出椰云拿铁，同步上新的还有三款"水果很好喝"，通过跨界合作打造超级产品。

在"渠道（C3）+KOL"方面，2022北京冬奥会前，瑞幸咖啡敏锐地签下谷爱凌，签约代言人时，瑞幸就推出谷爱凌定制新品瑞幸瓦尔登滑雪拿铁和蓝丝绒飒雪拿铁；冬奥会前，瑞幸咖啡推出了谷爱凌杯套，带有谷爱凌元素的吸管立牌、门店装置人形立牌，还在北京布置了两家谷爱凌快闪主题店；而在谷爱凌夺冠后，瑞幸小程序中特别添加了"谷爱凌推荐"菜单栏，此外还有发优惠券、晒照活动等，刷足了存在感。

表5-3　超级增长用户优先策略路径说明

策略路径	超级增长路径解读	策略适配说明
路径1.1：C1→C2→C3	先建立种子用户社群进行用户裂变，通过话题、活动等传播品牌、产品信息。同步建立渠道，先期可以社群或者单渠道为主。	·适用范围：垂直细分领域的移动互联应用（App）、解决方案类、B2B等新品牌； ·能力要求：用户运营能力、内容能力、传播能力； ·案例品牌：Keep App（埋雷计划、首席体验官）、lululemon（品牌大使）。
路径1.2：C1→C3→C2	先建立种子用户社群进行用户裂变，设计用户升级玩法，强调用户运营，通过自有渠道、合作渠道建设完成新品牌初创期增长，再通过传播扩大声量，带来用户新一轮增长，之后渠道再次升级。	·适用范围：大众领域数码产品、快消等新品牌； ·能力要求：用户运营能力、渠道运营能力； ·案例品牌：小米（小米社区→米粉→米粉节）。

小结：用户优先策略适合拥有互联网基因的团队使用，因为拥有该基因的团队擅长低成本拉新获客和用户留存运营，同时可以用互联网产品经理工作方法，快速迭代产品，将产品与用户融合。值得注意的是，新品牌度过初创期之后，需要加强品牌传播，未来新品牌的竞争不是销量，而是品牌，即使先期有了用户，如果忽略了品牌建设，未来用户也会流失。

策略二：传播优先策略

在第三章中，我们不断强调传播媒介的变化，短视频、直播等内容载体带来了内容营销的蓬勃发展，人们习惯通过小红书、微博等社交平台的种草笔记而关注品牌、购买产品；人们也因为喜欢刷抖音、快手的短视频与直播而下单消费，通过传播内容加速了众多新品牌的快速崛起。

2012年，褚橙进京的文章24小时内被转发了7000多次，王石的评价又诱发4000多次转发，11月5日一发售，前5分钟被抢购了800多箱；西少爷肉夹馍开业前一篇《我为什么要辞职去卖肉夹馍》文章刷屏，开业当日上午11点就送出1000个肉夹馍，火爆异常……两者都是先从传播（C2）引爆，用户（C1）直接进入渠道（C3）转化购买。

表5-4 超级增长传播优先策略路径说明

策略路径	超级增长路径解读	策略适配说明
路径2.1： C2→C1→C3	通过各类内容形式、媒介平台进行新品牌的产品、品牌信息传播，吸引潜在用户关注，进行私域运营，建立用户社群，打动用户、转化用户，通过内容平台相关渠道直接带货转化。	·适用范围：知识付费、教育等需要用户运营、建立信任关系的新品牌； ·能力要求：内容创作能力、传播能力、用户转化运营能力； ·案例品牌：××评测（毒书皮事件传播→粉丝社群→商城）。
路径2.2： C2→C3→C1	通过各类内容形式、媒介平台进行新品牌的产品、品牌信息传播，直接转化购买商品，如直播带货、短视频+购物车等，针对已消费用户进行精细化私域运营。	·适用范围：美妆、食品、饮料、家居、餐饮等新消费、新零售品牌； ·能力要求：内容创作能力、传播能力、渠道运营能力、用户转化能力； ·案例品牌：完美日记（种草→电商渠道→社群）。

小结：实施传播优先策略的新品牌，是通过内容激发用户需求。在此之前，很可能用户并未意识到自身痛点，在浏览相关内容时其痛点被提示、被明确，而新品牌们通过各类内容的种草传播，让用户认知、认可，随即转化。消费升级时代，人们在消费决策时不是单纯为了购买商品，而是为了更好地生活。通过内容营销，以传播优先策略进入市场的新品牌，需要考虑内容的质与量，以销售为导向的内容输出的同时，需要关注品

牌差异化的传播。

策略三：渠道优先策略

对于传统企业转型，或者有产品能力、有渠道资源的新品牌们，可以通过渠道增长"3加1减"方法，实现新品牌超级增长。新品牌发展阶段，渠道能力直接关系到产品的成交效率，渠道优先策略意味着直面顾客，以销售转化为导向。

比如足力健老人鞋，通过电视购物、超市门店等容易触及老年人的渠道（C3）作为超级增长的优先策略，之后再不断通过冠名《养生堂》节目等推广传播（C2），策划"八一建军节，关爱退伍老兵，足力健千城百店为退伍老兵免费按摩脚""寻找最燃老baby""足力健大爷的健身日常"等活动，与用户（C1）互动，不断增强品牌与用户的黏性，保持产品在消费群体中的稳固地位。

表5-5 超级增长渠道优先策略路径说明

策略路径	超级增长路径解读	策略适配说明
路径3.1: C3→C1→C2	快速建立渠道，扩大覆盖率，提升渠道运营能力与效率。同时通过用户运营，提升获客、留存、复购。之后进行活动传播、品牌传播。	·适用范围：零售、传统企业转型、有优势渠道资源、特殊消费场景的快消品等新品牌，其产品刚需、高频，或者特殊场景有关键人物推荐； ·能力要求：渠道开拓能力、渠道运营能力、用户转化能力； ·案例品牌：便利蜂（门店→会员体系）。
路径3.2: C3→C2→C1	快速建立渠道，扩大覆盖率，提升渠道运营能力与效率。同时通过活动、事件、内容引爆，加大传播，提升品牌知名度。之后建立用户体系，推进私域流量运营。	·适用范围：零售、传统企业转型、快消品等新品牌，需要建立品牌认知； ·能力要求：渠道开拓能力、渠道运营能力、营销策划能力、内容创意能力； ·案例品牌：江小白（经销商/餐饮店→植入营销/社会化营销等→粉丝活动）。

小结：渠道优先策略的前提是新品牌具备渠道开拓、渠道运营等相关优势能力，选择此策略的新品牌，一般为刚需、高频产品，不需要过多营销投入，用户直接在渠道选择购买，比如蔬菜水果等农副产品，以产地、品类形成认知的品牌，如五常大米、茶叶等。另外，还有一些新品牌在产品细节、品质、服务等方面进行了升级，面向大众市场时，就需要在提升渠道覆盖的同时提升品牌知名度，通过传播建立品牌高度，进而推动新品牌超级增长。渠道优先策略包括了渠道广度、品牌高

度、用户深度（精细化私域流量运营）。过去传统品牌的崛起，也是渠道优先策略的应用典型，新品牌在运营此策略路径时看上去类似，但在渠道结构、思维，以及用户、传播等各维度都会发生变化。此处不赘述，前文有详细探讨。

前面模拟案例中的某香水品牌，在自测了增长评分后，依据上面超级增长策略路径，建议选择"路径2.2：C2→C3→C1"，目前其传播分值最低，而香水类品牌在面对用户消费决策时，内容的影响会起到关键作用，选择传播优先策略，从传播（C2）到渠道（C3），即通过内容营销传播的方式促进销售转化，之后对已购用户（C1）深度运营，推出VIP会员体系，提高复购，同时推出老带新裂变活动，以试用装、礼盒、红包、优惠券等激励，带来用户增长。这个建议能够有效实施的前提是该品牌在内容传播能力上能够匹配，比如招聘具有相关能力的人才，或者选择合适的第三方团队合作。

吉姆·柯林斯在《飞轮效应》一书中提到，永远不要低估卓越飞轮的力量，因为它在很长一段时间内都能够提供令企业持续增长的动力。

超级增长就如同一个旋转的飞轮，新品牌要找到正确的驱动轮，一圈圈旋转下去，逐渐形成了增强回路，一旦找到了一个互为因果的闭环，把它放在一条长长的、湿湿的、厚厚的雪道上，然后坚持推下去，超级增长就自然形成。

在新品牌成长过程中，我提出的超级增长3C方法论中有用户(Customer)、传播(Communication)、渠道(Channel)，可能有人要问：感觉每个都重要，为什么还要提策略路径呢？一起做不行吗？

这本书着重探讨新品牌发展初期，每个初创期的企业各不相同，但是大多会遇到同类型的问题：人才不足、能力不够、资金缺乏、产品偏弱、渠道偏弱……

很少有一家公司在初创时能把以上所有问题都解决，即使资金充裕，在产品、人力等方面也需要花时间反复迭代、磨合，以找到适应市场的最佳产品方案。

所以，选择适合的超级增长策略路径，企业的增长才可以事半功倍，而路径选择的前提是，企业要具备相关能力！

如何保障新品牌超级增长

当我们了解了新品牌超级增长（3C）方法论，也知道了实施策略的路径是什么，但是在选择之前，需要了解自身能力，即创建（或改造）一家新品牌必要的能力，毕竟企业需要具备一定的能力才有机会保障新品牌超级增长，为此我总结了"新五力"，具体包括：专注力、认知力、创新力、协作力、宏观力。

专注力

新品牌在确定战略方向后，创始团队就得保持定力，不能左右摇摆，在新品牌发展初期，专注尤为重要，业务、能力、资源聚焦，才有机会实现超级增长。

新品牌初创团队如何提升专注力呢？

（1）先明确战略方向，确定自身方位，再通过各类方法（比如超级增长3C方法论）实现。专注力难在不是一直把一件事做好，而是当有三个机会出现时，怎么找出应该选择的那一个。

（2）确定企业使命、愿景。清晰明确的企业使命、愿景是保障企业发展专注力的重要指导标尺，比如阿里巴巴的使命是"让天下没有难做的生意"，愿景是"活102年"，到2036年，服务20亿消费者，创造1亿就业机会，帮助1000万中小企业盈利。在企业发展过程中会有各种机会，比如房地产行业火热时，阿里巴巴为什么没有做房地产呢？因为在对标使命、愿景后，发现增加该业务并不能实现"让天下没有难做的生意"。使命、愿景可以作为重大战略决策的依据，它不是在告诉企业该做什么，而是提醒企业不该做什么。

认知力

认知力是指新品牌团队对内、对外的认知能力水平。低估行业难度、看轻对手，高估自己能力，很多人容易停留在过去的"成功"经验中，思想与实践都已经落伍，认知力不足会导致错误判断市场。关于提升认知力的建议可参考如下两点——

（1）认识阶段——清空自己：重新认识自己、认识世界、认识身边人，尝试清空自己过往经验，放下惯性思维，在决策时，可以试想一下如果不这样做会如何？如果换个思路会是什么样？如果是别人会怎么做？

（2）知道阶段——积极吸纳：持续学习成长是提升认知力最好的方式，保持积极吸纳各种新知识的良好习惯，比如参加活动、读书、听课等，联结有价值的人，选择与你所在行业、未来趋势相符的主题，多与人交流、分享。比如我自己实践的一个小方法：保持每周参加一个社交活动，最好与所在行业相关；如果每天时间允许，可以约一个身边"牛人"（在某些方面有特殊技能的朋友、同事、行业大咖、专家等）一起午餐，真诚向他请教问题，或者听他的故事，他会跟你分享他遇到问题是如何思考、怎么处理的，以及他的一些经验；每天晚上不少于半小时阅读、半小时思考。如此坚持三个月时间，你的认知力水平会突飞猛进。

创新力

被称为"现代管理学之父"的彼得·德鲁克曾指出：企业的宗旨就是创造客户，企业只有两个基本职能，即营销与创新。

谈及营销，可重点学习超级增长3C方法论。

我们说说创新力，畅销书《创新者的窘境》中文版封面上有两句话，第一句："就算我们把每件事情都做对了，也有可能错失城池。"第二句是："面对新技术和新市场，往往导致失败的恰恰是完美无瑕的管理。"这两句话里"每件事都做对"与"错失城池"、"失败"与"完美无瑕"确确实实是很多企业发展过程中创新的阻力。新品牌初创期如何才能有创新力？

（1）小步快跑，敢于试错：通过不断试验、失败、改进、再试验、再失败……如此循环，不断删除失败的选项，通过小步快跑，敢于试错的方式，最终实现创新突破。比如小罐茶诞生之初，产品负责人一年撕了3万多张铝膜后，创造了铝制小罐与铝膜的完美结合，最终，在保证罐子外观、直径一致的情况下，通过高度调节，完美解决了8种茶的封装问题。所谓的"天才设计师、万能专家"，其实都是通过反复迭代和稳步进化，才发现最佳方案的。

（2）反向思维，要素重组：此思考路径是先发现问题，再寻找答案，比如在瑞幸咖啡出现之前，市场上有很多咖啡厅，但大多都是学习星巴克模式，瑞幸咖啡反其道而行之，要做差异化，店面变小，不要现金结账，价格再比星巴克便宜，那么这种业态的咖啡品牌能解决哪类用户的痛点问题呢？顺着这个思路，会推导出消费人群、消费习惯，比如符合不需要到店体验且希望喝到高品质咖啡的人群，当有了咖啡店、人群要素之后，联结他们的外卖要素也是必须的，再通过小程序、App进行联结，这便是瑞幸咖啡的创新力。

协作力

相信协作的力量，专业的人做专业的事。过去创业的新品牌，其创始人很可能是无所不能的"全能选手"，事事亲力亲为，最后不仅心力憔悴，公司也没有做好。

这里谈到的协作力，我想从团队协作和社会协作两方面展开讨论。

（1）团队协作：新品牌初创期，重要的是先找到合伙人和团队主要成员，分工协作，确定谁负责产品、谁负责品牌营销、谁负责融资……正如蚂蚁搬米的童谣："一只蚂蚁来搬米，搬来搬去搬不起；两只蚂蚁来搬米，身体晃来又晃去；三只蚂蚁来搬米，轻轻抬着进洞里。"如果一只蚂蚁是全能选手，大可不必那么多蚂蚁协作，但如果一个人"全能"，也不会诞生"企业"这样的组织形态。当然，很多企业家、创业者也都知道协作分工的重要性，根据这些年我参与企业管理、天使投资的经验，在新品牌创立前，能够提前组队、将团队协作的重要角色做到提前锁定，之后一起创立公司，往往如此选择的企业发展都会相对健康。比如小米成立之初，雷军大部分时间都在挖人组队，公司成立之初的100多人都是他亲自面试，员工也基本是来自谷歌、微软、摩托罗拉、金山等知名公司的顶尖人才。这些人才技术一流、聪明、富有激情、有战斗力和实战经验。

（2）社会协作：在产业链条日趋成熟的当下，新品牌公司创业基础环境已经很好，市场中有各类供应商、合作伙伴可以选择，比如目前大多新消费品牌选择的代加工模式——翻看一些有些名气的新品牌，为其代工的公司也都是业界知名公司，自然在工厂流水线管理、品质控制等方面都有保障，也解决了新品牌初期资金、人力不足问题。

宏观力

近些年来，企业创始人是否有宏观力显得尤为重要，一般成熟的、大型的企业都有专门的宏观研究部门，对全球经济、消费趋势、政策方向等进行分析、判断，但对于新品牌来说，很难建立这样的部门，也没有预算与相关机构合作，这就要求创始人具备一定宏观力水平，而这直接影响着企业未来超级增长的可能，一旦选错方向，或者不关心宏观经济发展，而遇到相关政策调控，企业发展势必受阻。比如"一带一路"带来的机遇，就有很多企业选择了出海战略。还有"新基建""碳中和"等，其中有机遇，还有风险，比如"碳中和"对于绿色能源、环保等相关企业是机遇，同时对那些在经营中有破坏环境的企业来说就是"风险"，需要尽快想办法治理，或者转型升级。对于新品牌来说，如何提升自身宏观力呢？

（1）提升敏感度：切实理解宏观经济对企业的影响，尤其对中小企业的影响，但也不必焦虑，也不需要每天关注。在重要政策发布时，看原文，再看知名学者、专家解读，也可以尝试与人探讨交流，培养自己的宏观力水平。

（2）确定关联度：每次宏观环境变化、政策发布，可以思考是否与自己所在行业、公司有关，是直接影响还是间接影响？确定关联度，找出企业自身发展机会，或者风险，进行讨论判断。其间如果条件允许，可以邀请或者拜访相关专家咨询。

"专注力、认知力、创新力、协作力、宏观力"是保障新品牌超级增长的"新五力"。新品牌公司发展初期可能有很多不完美的地方，技术不够好、产品不够酷、销售不够火等，但在"新五力"的加持保障下，不断创新、迭代、升级，不仅有机会实现超级增长，也有可能成为一家有价值的知名品牌公司。

新品牌快速成长中容易忽略的风险

创业圈常说"九死一生"，一个企业可以成长壮大是受诸多因素影响的。新品牌初创期就如同小树苗一样，想要成长为茁壮的参天大树，如何避免"天灾人祸"、防止出现容易忽略的风险，是新品牌成长中至关重要的一环。

我们具体看看有哪些风险——

第五章 新品牌超级增长方法论实施与保障

政策风险

新品牌、新产品的合法合规是其发展的前提，即使如此也面临着诸多不确定性。

战略风险

很多公司在忙了几年回头看时，会发现有一半的时间是无用的，很多人用战术的勤奋掩盖了战略的懒惰，很多新品牌最后垮掉就是由战略风险导致的，原因是多数公司选择跟随策略，别人做什么我就做什么，没有自己清晰的战略定位与规划，不知道未来该往哪里走；即使有了战略定位，也很难落实，原因在于大多数战略是企业高层决策，一线员工不理解，也就产生了执行的脱节。在这方面，字节跳动的战略会就会邀请一线员工参与其中，通过集体智慧，提倡人才自驱，员工越是靠近核心战略计划，就越能产生责任感。让更多人参与到决策中，就能保障公司稳步发展。

如何做战略方向、战略定位、战略规划，通过我这些年对众多企业的观察和咨询服务，总结思考有三点：方向、方位、方法。我把这三点总结成了一个公式，即：

企业成功=（方向+方位）×方法

方向：初期首要任务是赚钱，也就是"活着"，但是战略层面需要做且需要提前做好的就是找到战略方向。找方向就是知道自己向哪里前进，理想的状态是选择最大最肥的市场，即规模大、利润高的市场，小池塘养不了大鱼，到大江、大海机会更多，大市场5%的份额，比小市场50%的份额还有价值。

方位：对于新品牌来说，确定了战略方向，就要验证自己的商业模式，小范围试错迭代，知道目前自己所处的位置、能力水平，同时清晰定位自己在同行中的位置。比如神州专车这家公司选择的战略方向是高端出行服务，方位则选择了"安全"作为企业的定位。

方法：方位确定之后，就是用什么方法实现了。这部分可以通过分阶段规划方式，选择相应的方法论支持，比如超级增长3C方法论。京东确定"多快好省"定位之后，不同阶段实现不同的战略目标，通过自建物流实现"快"等；神州专车通过自有专车、司机等系列产品与服务实现"安全出行"。

确定好战略方向、规划后，请坚持自己的节奏，而不是一有风吹草动就军心不稳，一有新机会就开始各种跟风转型，如此很容易拖垮企业。有战略定力，按规划思路执行，一步步实现目标。当然，有人会说，这样不是会错过很多机会吗？新品牌初创期最重要的就是坚持做好自己，当有了一定规模，解决了生存问题之后，再设立相关趋势研究、用户洞察、新产品研发部分，或者与大学、科研机构合作，通过小团队实验、专业研究机构咨询等方式来测试，如果效果不错，完全可以通过组织创新、通过激励内部团队创业等方式孵化更多新品牌。

组织风险

新品牌发展初期组织一般较小，效率反而相对较高。很多新品牌创始人谈到此阶段组织问题时主要集中在"难以招聘到优秀的人才"。然而，我们需要反思一下：组织到底需要优秀的人，还是合适的人？

答：合适的人。

有位上市公司创始人表示，很多年前公司初创阶段就认识现在的人力负责人，当时邀请其加入，对方没有同意，因为那时公司小，自己当时很失落。然而现在再看当初的被拒绝，他反而觉得很庆幸，因为若是当初那位负责人加入了，用现在的管理方法，很可能那个小公司早就"消失"了。

初创期很多新品牌都在不断试错、迭代，需要更高的决策效率，所以组织和管理模式都要为此服务；当企业发展壮大，管理模式、组织流程则会日趋规范。

品牌风险

新品牌的发展过程中不可忽略的就是品牌本身，如何抢占用户心智？如何快速建立用户对品牌的认知？虽然本书并没有围绕品牌建设深入讨论，但是在超级增长3C方法论中不断强调，过去是流量品牌，未来是心智品牌，当新品牌快速成长后，如何避免别人的跟风模仿，品牌便是门槛。不要陷入"销量的错觉"中，认为一场活动卖了×××单、一年销售额×××亿元就是知名品牌，如果用金融思维看，营销是消费，销量是一次性的；而品牌是投资，是持续增加的资产，是可以实现不断复购、增值的。在当下，只要通过流量导入、促销活动、名人效应等就可以推动产品销量，但很多品牌却遇到不投放资源就没订单的困境，忽略了品牌建设是造成该困境的重要原因之一。品牌的建立需要用心与用户沟通，正所谓营销推动销量、运营建立品牌。

产品风险

产品是新品牌的基础，如果产品不行，超级增长的用户、传播、渠道反而会为新品牌带来"灭顶之灾"，产品差，传播越强、渠道越广、用户越多，投诉就会越多，这样就变成了恶性循环的飞轮。很多新消费品牌，产品同质化严重，其实在各行业中，模仿跟随的企业都很多，如果产品不能实现差异化，是很难抢占用户心智的，超级增长的飞轮也很难转起来。第一章在讲到沙漏模型中的"新产品"时提到了一个"新产品三角"，即"需求、技术、团队"的结合，产品可以满足用户新的需求，

第五章　新品牌超级增长方法论实施与保障

在技术层面有创新突破，且你的团队掌握了关键能力，可以通过此逻辑推导梳理产品的差异化。

在任何行业做产品，都可以找到差异化，而不是简单模仿复制，看似进入成本低，但是后期会发现风险成本极高。比如同样是火锅，海底捞与巴奴在产品上就有本质区别，前者将火锅产品外延到体验服务，后者则专注毛肚单品。

有人种树成活率很高，有人创业成功率也很高，可能有人会问：为什么上面提到的风险，感觉好像对那些"轻易可以成功"的人不适用呢？并非不适用，而是这些人更清楚哪里有风险，知道如何规避风险。就如同有人驾驶汽车，确定了目的地（战略方向），通过导航知道哪里拥堵（风险），就可以选择最佳路线（超级增长策略路径）避开拥堵，以保证更快到达目的地。初创期的新品牌需要集中精力，选择适合的策略路径，不能简单照搬他人经验，需要从实践中不断优化调整，内化成属于自己的超级增长方法论。

面向新品牌的星辰大海，希望我们都能找到超级增长的飞轮，转动它！规避风险，满怀希望，奔赴未来！

本章小结

1. 新品牌超级增长方法论如何落地?

   (1) 策略一：用户优先策略

   (2) 策略二：传播优先策略

   (3) 策略三：渠道优先策略

2. 如何保障新品牌超级增长?

   (1) 专注力：先明确战略方向、确定企业愿景

   (2) 认知力：清空自己、积极吸纳经验

   (3) 创新力：小步快跑，敢于试错；反向思维，要素重组

   (4) 协作力：团队协作、社会协作

   (5) 宏观力：提升敏感度、确定关联度

3. 新品牌快速成长中容易忽略的风险

   (1) 政策风险

   (2) 战略风险

   (3) 组织风险

(4)品牌风险

(5)产品风险

后记

写这篇后记时,窗外正飘着鹅毛大雪,三月的北京本已是暖暖的春天了,而此时此景,真的是——雪花桃花迎春花,花花世界齐争艳!路边偶有赏花赏雪拍照的行人,在这漫天飞雪的春天里,他们还能短暂停下来欣赏这世界的美,真好!

这场雪来得极快,一场"倒春寒"让很多人猝不及防,而持续了三年的新冠肺炎疫情,更是打破了很多人的信念,把它揉成了焦虑,有人选择躺平,有人选择转型,有人选择抱怨,有人无路可选……人生的美好在于它本就不是一帆风顺,它会经历风雨,它也会看见彩虹,它即使遇见"倒春寒",也可以停下来欣赏美景,随遇而安是人生态度,随机应变是人生智慧。

2022年2月22日,在这个千年一遇的日子里,我被集中隔离了,因为一次出差"幸运"地成为阳性病例密接人员。人总会遇到突发事件,在天灾面前,我们显得如此渺小,在政策法规面前,我们要做的是遵守规则,快速改变自己。21天隔离生活,我做了很多事情,养成了跑步的习惯,5千米、10千米、15千米,甚至还成功挑战了一次室内绕床跑半程马拉松;同时

后记

读了7本书，又将这7本书做成课程，顺便做了7场在线读书直播分享；还有，开始了下本书的写作……当然，还有推进《超级增长》这本书的出版工作。

《超级增长》这本书是从2020年8月开始策划准备，10月开始创作的，利用"国庆节、元旦、春节、清明节、劳动节"五个节日完成初稿创作，中间修改耽搁了些时间，如今终于出版了。很开心能够将这本书呈现在你的面前，也很期待你在未来的企业经营中能够通过超级增长方法论真正实现企业的快速发展。

《超级增长》诞生于一个百年难遇的变局时代，这边消费升级、国货崛起，那边疫情频发、贸易冲突，正如我在自序中提到的观点：要在不确定的时代，找到确定的超级增长路径。希望这本书能够给你启发与思考！

在创作《超级增长》期间，我担任了鲜花新零售品牌"心情不错鲜花"顾问，并兼任首席增长官，以数字化、标准化、品牌化能力，从模式到产品重构鲜花新零售，我提出了"好鲜花、好设计、好心情"品牌定位，这也成为公司的发展战略。其中"好设计"是第一维度，侧重产品，是指联合花艺冠军设计师、艺术家等，重新定义新鲜花美学，打造"花、纸、带、卡+服务"的超级产品，比如推出语音贺卡等；"好心情"是第二维度，侧重用户，这部分是超级增长中的用户部分——"抢心智+创场景+造社群",从选花、买花、送花、收花等环节,不断提升用户好感度,增加黏性,提升复购率;"好鲜花"是第三维度,侧重生产,建标准,夯实供应链。三个维度看似有先后,但并不代表做产品时不关注用户、供应链,核心是战略重心的选择,因此在执行阶段也有不同的实施方案。从数据看,2021年最高日订单超过16万单;2022年,5月20日"520情人节"订单量突破25万单,七夕情人节订单量突破30万单……当然这些数据还在不断增长中。在新冠肺炎疫情期间,各个行业受到影响,心情不错鲜花通过数字化驱动的鲜花新零售实现超级增长,并非运气。这与本书提到的新品牌沙漏模型十分契合,如果继续以传统思维在线下开花店,可能现在不是超级增长,而是不断关店,"新趋势、新思维、新模式"下心情不错鲜花以数字化系统为核心,以"线上+线下"新零售场景为重心,不断优化,模式升维,业务升级。在前进的路上,还有很多机会,也有很多不足,继续加油!

当然,也有很多企业在新冠肺炎疫情期间遇到了危机,刚好看了一篇刷屏文章,是一位创业者的自述,谈到自己因新冠肺炎疫情经营困难,最终卖房负债累累的经历,不过之后有知情人士爆料其发心不正、人品不行、团队不合。要知道,创业成功本身就是小概率事件,在时代(趋势、黑天鹅事件)面前,产品再好,管理水平再高,也可能失败。即使没有新冠肺炎疫情，很多创业公司也会出现问题，有些企业一开始就忽略了"使命、愿景、价值观"，往往是没有愿景，也没有坚守自己的使命，甚至还没有找到自己的使命就出发了，而路上也没有自己的价值观，随意破坏规则，导致人心不稳，众叛亲离，想不出问题都难。一家企业要实现超级增长，需要多个要素的组合，而且每一个都要做对。如果把我的理解写成一个关于要素组合驱动企业成功的公式，它可能会是这样：

企业成功=正确要素A × 正确要素B × 正确要素C × 正确要素D……

比如要素A是资金、要素B是产品、要素C是团队、要素D是渠道、要素E是传播、要素F是用户、要素G是创始人、要素H是企业文化……

其中一个要素错误，有时候短期内看不到影响，比如有些公司的企业文化、价值观不行，创始人人品差，短期可能可以通过资本、产品、渠道等要素的长处掩盖短处，或许还可以赢得市场活下来，甚至会让人形成"这公司不错"的感觉，但是如果长期不改变，一则难吸引优秀人才加入，也难留住人，二则没有人才何谈创新发展，所以，长时间看，最终会导致企业失败，甚至出现致命危机。

可能有些人会说：这太难了！很多企业都不是完美的，怎么可能都正确？

我的建议是在企业不同发展阶段解决不同问题，很多大企业初创时管理上也是"一塌糊涂"，在新品牌超级增长阶段，清楚掌握用户的变化、传播的进化、渠道的演化，先解决用户需求，研发差异化产品，通过传播、渠道让产品销售增长。本书希望企业能在发展不同阶段，对组织、文化、战略等维度进行适当的优化调整。此外，在本书中并没有重点讲产品，谈超级增长，是假定你的产品足够好，解决了用户的痛点，又是刚需、高频产品，在超级产品的基础上，超级增长才能有的放矢，速度加倍！另外，在这里预告一下，《超级增长》的续篇《超级产品》在21天隔离闭关期间已开始创作，核心模型正在我提供咨询顾问的企业中实施应用，敬请期待！

近些年我也开始参与天使投资，作为天使投资人，重要的就是投资"人"。一家企业从初期到成长期、成熟期，以及第二曲线阶段，创始人都是决定成败的关键人物，并非说合伙人、团队不重要，这就像一艘巨轮的船长，他的一个正确决策可以化险为夷、海阔天空，而一个错误的决策则会瞬间倾覆、惊涛骇浪。

对于此，我有一些思考，总结为"创始人三力"，即眼力、心力和能力。

第一，眼力：创始人需要有"发现机会的眼力、发现伙伴的眼力、发现本质的眼力、发现风险的眼力"。

第二，心力：有所作为的人，做得了主的人，都是用心力。

后记

正所谓命由己造，相由心生，境随心转，有容乃大。创始人发心要正，心存善念，有大愿景，有正确的价值观，才有可能在创业路上遇艰难险阻而不惧。阳明心学中也有一个观点——心即是理，力由心生。拥有强大心力的创业者，是时代的探险家，只要认定前行的方向，就从不会感到沮丧，也不后悔当初的决定，更不会放弃希望，即使遇到困难，他们也会依靠内心的力量，快速学习，升级自己的认知、能力，快速解决问题。

第三，能力：能够选择创业的创始人大多是有一些突出能力的人，很可能是文武双全、样样精通，比如能演讲、懂产品、懂技术、会销售、会英语、会设计等，但这些统统都是战术能力，在创业过程中的某些关键战役上会有效，但无法让创业者赢得最后的胜利。创业者需要有商业世界的认知能力、机会与风险的判断能力、创造机会的创新能力、关键时刻的决策能力，以及与人或专业机构的协作能力等。这些是战略能力，是真正决胜负的前提。如果说战略能力是"1"，那么战术能力就是后边的"0"。然而在战略能力中，认知能力又是其中的"1"，其他是后边的"0"，在认知能力基础上，其他能力的交叉组合产生的化学反应，很可能产生核聚变式的爆发力量。

《超级增长》这本书不仅仅是给创始人、一线实战者提供战术打法，同时在认知层面也会带来帮助，在这伟大的时代，会有更多新品牌涌现，并在"新趋势、新思维、新模式、新产品、新用户、新传播、新渠道"下,通过"用户×传播×渠道"的超级增长方法实现新品牌的进化。在快速成长中,可能我们现在看到的新品牌会"消失不见",也可能成长为值得国人骄傲的全球知名品牌,这条路本就不容易,需要创始人有"三力"加持,也需要有实现超级增长的正确方法。

2021年年末,我和许晖、余杰三人发起了溪有物种,依托溪山天使汇,通过发现、培育、加速等助力,帮助更多新消费、硬科技、生命科技、绿色能源等创业企业从细分品类中脱颖而出,实现资本力、组织力、创新力、市场力的升维、升级,让它们的价值主张深入人心、产品服务随处可见!2022年1月,溪有物种成长营1期开营,来自全国各地优秀的创业者点燃梦想,开启英雄之旅。在本书还没有出版前,"超级增长"已经成为溪有物种成长营核心课程,变成指导企业增长的方法论。

在我21天隔离"闭关修炼"期间,感谢溪有物种成长营新消费1期同学寄来的"闭关加油包":蔡林记的热干面、小润健康的专属定制营养素、三本吉市的有机牛奶、硒园素的有机蔬果、鱼生说的海鲜零食、思享星球的水果、心情不错的鲜花、楚小姐的精油、七点减重的21天隔离体能训练课……满满都是爱!我不仅体验了这些好产品,更重要的是看到了它们快速迭代的能力,真心希望大家越来越好,品牌与业绩都能超级增长,早日从新品牌成长为独角兽企业!

后记

本书的出版离不开编辑团队的大力支持与努力工作，很开心遇到山顶视角团队，前期与出版人王留全先生的沟通，坚定了我和山顶视角合作的决心、信心，叶赞、燕龙对每次稿件的精心回复、批注，也让《超级增长》的迭代更加快速、更有质量。从策划、出版、发行，感谢山顶视角和出版社团队的大力支持与专业建议！

感谢为本书作序的瑞士商学院中国区院长陈亮途（Hugo）博士。十几年前在香港大学课堂相识，陈教授对学术的追求，以及个人成长方面都是我学习的榜样。同时感谢清华大学营销学博导郑毓煌教授、法国里昂商学院副校长&欧亚商学院法方校长王华教授、北京邮电大学杨学成教授、溪山天使汇发起人许晖、场景实验室创始人吴声、周黑鸭董事长周富裕、西贝莜面村董事长贾国龙、凯叔讲故事App创始人王凯、瑞幸咖啡首席增长官杨飞等恩师、前辈、好友为本书写推荐语，不胜感激。

感谢太太、儿子，家人的陪伴与付出是我顺利写作的推动力，如果没有你们的理解与支持，我是不可能有相对完整的"空余"时间用于写作，更不要说充满心流体验的思考与研究。

感谢所有的合作伙伴，在咨询顾问的工作中，感谢大家通力协作，以及对我的信任，期待更多项目的落地实施，不断超级增长，企业越来越好！随着本书的出版，我发起的超级增长实验室也随之启动，欢迎更多新品牌加入，同时它也将成为传统企业转型、孵化新品牌的加速器,依托"3C方法论",在各个企业落地实施超级增长计划!

感谢书中涉及的所有案例品牌,是你们的超级增长让我有了将其梳理归纳的冲动,在未来的日子里,希望你们继续披荆斩棘、乘风破浪,持续超级增长!

感谢正在读书的你,以及关注"魏家东商业评论""魏家东商学课"的粉丝、学员们,如果觉得本书有价值,欢迎分享给身边的朋友,让价值传递,人生的增长才有意义。另外,如有对本书的建议、评价,欢迎大家与我交流。

回望历史,世界进步的轨迹是呈螺旋式上升的,大国的发展总是在和平与战争、繁荣与萧条的极端状况之间周期性地循环,人类文明的总体发展方向是越来越好的。当我们了解了世界运行的规律,疫情也好、冲突也罢,在时间的长河中,只是一个片段而已,它很难阻挡历史进程,也阻止不了我们持续超级增长的脚步,遇到了山坡,及时调整节奏,目标不远,就在前方!

没有一个冬天不可逾越,没有一个春天不会来临。

即使遇上"倒春寒",那雪花也压不住迎春花的绽放。

美,在人世间,在身边,也在每个人的心田。

魏家东
2022.3.18 北京